王东京经典文丛

# 领读
# 西方经济史

王东京 孙浩 林冰蓓 著

中国青年出版社

# 目录

## 法国经济



## 德国经济

## 日本经济



## 意大利经济

## 加拿大经济



## 俄罗斯经济

# 引言
# 以史为鉴　可知兴替

早在数千年前，古老的黄河流域，就诞生了农耕文化。人们日出而作，日落而息，男耕女织，生息繁衍，创造出灿烂的华夏文明。尧舜禹、夏商周、秦皇汉武、唐宗宋祖，威动海内，四方臣服。泱泱大中国，直到18世纪，还是康乾盛世，国富兵强。“普天之下，莫非王土，率土之滨，莫非王臣。”在东方巨人眼里，大洋西面的世界，无非穷乡僻壤、蛮荒小国，尔等只配朝圣觐见，以我为师，天国绝不会降格屈尊，向西方学习。

与我们妄自尊大、好为人师正相反，那些“蛮夷之邦”，从未错过向中国学习的机会。盛唐时期，东瀛使者不畏艰险，越洋而来，他们不仅穿上宽袍大袖的唐服，练习笔走龙蛇的汉字，还带走了朱雀大街的图样、大唐帝国的典籍律令。与日本人相比，欧洲人的好学精神，有过之而无不及。中国的四大发明，让他们如获至宝，一批批船队装上罗盘，扬帆东行；商人扔掉鹅毛笔和羊皮，印刷出讨伐暴君的檄文；倒皇派摘下长剑和头盔，用火药枪击溃朝廷军队，建立起共和体制。

对西方的风云巨变，中华帝国一无所知。当麦哲伦环球航行时，明朝嘉靖皇帝却颁布谕旨，宣布“闭关”。清朝一代雄主乾隆大帝也在给英王乔治三世的信中，回绝了对方扩大通商的要求。西方使节送来的火炮、船模、望远镜，被视为奇技淫巧，束之高阁。英伦三岛的机器轰鸣，美国哈得孙河上汽笛的尖叫，被紫禁城厚厚的宫墙隔开，中西差距在不知不觉中越拉越大。1776年，英国亚当·斯密发表《国富论》，在书中他指出，忽视海外贸易，闭关自守，使中国的文明停滞了。

鸦片战争的失败，使中国的有识之士猛醒。禁烟英雄林则徐，最早睁眼看世界，一片苦心编撰《四洲志》，但未及上达圣听，本人就被发配至新疆。他的好友魏源，皓首穷经十余年，写成100卷《海国图志》，在国内的发行量却不及日本，其“师夷长技以制夷”的天才思想，让日本人发挥得淋漓尽致，甲午海战以大清舰队全军覆没收场。著名思想家严复，潜心翻译《国富论》，可大清官员怎听得进洋人的“一派胡言”，维新变法的经济改革政策，呱呱落地百余天，就中途夭折。西风东渐没多久，大清帝国已经荡然无存。

冬去春来，潮涨潮落，诉说着大自然的变化。繁荣鼎盛，人亡政息 ，折射出人类社会的发展规律。19世纪上半叶，“日不落帝国”还是“世界工厂”，伦敦银行吞吐着天下财富；50年后，美国就通过高速工业化，把昔日的宗主国甩到了身后；拿破仑叱咤欧洲大陆时，德意志还是四分五裂，一盘散沙，但它以经济统一促进政治统一，通过普法战争成了欧洲新霸；日本在“二战”

后脱胎换骨，以产业政策推动经济赶超；苏联改革的列车脱出轨道，卫星上天，红旗落地。工业革命以来的近三百年，世界各国大变革、大竞争、大交流，有的先声夺人，有的急流勇进，有的奋起直追。国际社会，百舸争流，群雄逐鹿，演绎出了一幕幕惊心动魄的人间活剧。

直到20世纪80年代以前，我们对西方经济发展的历史，还是以管窥豹，知之甚少。由于种种原因，国人对西方的经济成就，更是避而不谈，讳莫如深。闭塞视听，盲目自大，使我们长期缺乏冷静的观察思考、认真的学习借鉴。我们曾以苏联老大哥为师，建立了僵化的计划经济体制，认为计划是社会主义独门单方，资本主义实行的是无序的市场经济，最终会引发危机。殊不知早在20世纪30年代大危机后，美国罗斯福总统推行“新政”，就借鉴社会主义苏联的一些做法，实行国家干预。1936年，英国经济学家凯恩斯的《就业、利息与货币通论》发表，此后政府调控经济，风行整个西方世界，并创造了数十年的经济繁荣。我们也曾认为，社会主义和资本主义的根本不同，就在于前者是“一大二公”，后者则是生产资料私人占有，却没有看到，“二战”后，欧洲各国大搞“国有化”，国家对经济的控制，比起我们来并不逊色。即使在食不果腹的年代，我们还曾以为，西方国家的人们仍生活在水深火热之中，殊不知人家早就建立了社保体系，福利政策让我们望尘莫及。当我们为既无内债、又无外债沾沾自喜的时候，国际贸易、资本全球流动早已蔚然成风……闭上眼睛捉麻雀，使我们一次又一次地与“历史机遇”擦肩而过。

古人云，亡羊而补牢，未为迟也。三十多年来，我们冲破樊笼，解放思想，立足国情，锐意改革，敞开国门，大胆吸收发达国家一切有用的文明成果，国家建设欣欣向荣，经济发展一日千里。改革开放的几十年，从一定意义上说，也是对西方经济发展历程重新认识、重新定位、重新估价的几十年。我们承认了世界的丰富多彩，得出各国文明的多样性是人类文明进步动力的结论。我们不再视西方文化为洪水猛兽，而是大胆借鉴，为我所用。正是由于我们党坚持了解放思想、实事求是的思想路线，中国的改革才一路顺风顺水，稳步前行。当人类迎来新世纪的曙光时，中国已洗去百年耻辱，跻身于世界强国之林。

放眼世界，经济全球化风起云涌，加入世贸，中国与世界的联系更加紧密。历史行进于此，一次新的发展机遇，正在朝我们迎面走来；但无须讳言，我们也将会遭遇到更为严峻的挑战。知己知彼，百战不殆；以史为鉴，可知兴替。因此，我们必须向他国学习，向历史学习。历史是一面镜子，学习西方经济史，就是为了观照现实，解决中国的经济问题。我们深信，当西方经济史中的经典事件，逐一展现在我们面前的时候，那些曾经莫衷一是的经济理论，举棋不定的经济决策，盘根错节的经济关系，功过难评的经济后果，一定会触动我们的心灵，引发我们对中国经济问题的深入思考。如果我们能从西方国家的兴衰嬗变中，从已经发生的经济史实中，得出经验教训，并用以指导实践，我们一定会扬长避短，趋利避害。中国改革的巨轮，也一定会乘风破浪，一往无前。

# 美国经济

▲

“立国方略”之争

自由择业权的代价

工业化的“助推器”

国家干预浮出水面

收入政策力所不逮

自由经济的复兴

“新经济”方兴未艾

▲

## "立国方略"之争

> 一国经济发展模式的确定，恰如穿衣，第一粒纽扣系错了地方，往下就全错了。开国之初的美国，围绕"工商立国"还是"农业立国"，发生了一场形同水火的争斗。两种立国方略最终合流，告诉人们一个道理：制定发展战略，既要从国情出发，又不可逆世界潮流行事。

1789 年 1 月，乔治·华盛顿当选美国首任总统。立国之初，百业待举。总统上任的第一件事，便是"组阁"。4 名阁僚中最引人注目的，一位是首任国务卿，因主笔《独立宣言》名噪天下的托马斯·杰斐逊；另一位是首任财政部长，独立战争中独当一面，负责后勤给养的银行家亚历山大·汉密尔顿。华盛顿有从谏如流、用人不疑的雅量，举凡大事，都让二位帮忙拿主意。可身为总统左辅右弼的二位阁僚，在治国方略上却各执一端，形同水火，上演了一出“工商立国”与“农业立国”争雄的活剧。

开国头10年，严峻的经济形势，使快刀斩乱麻风格的“汉氏理论”占尽风光。独立战争给美国遗留下近2亿美元巨额债务。战后英国货潮水般涌入美国，严重的贸易逆差，造成美国通货大量外流，“饮鸩止渴”的赊购赊销方式，形成横跨几千英里的庞大债务网，引发了普遍的商业危机。屋漏偏遭连阴雨。英国取消了战前对美的特殊优惠政策，美国造船、航海业在困境中搁浅。商业萧条、造船业惨淡、航海业衰落、农产品产量降至历史最低。面对身患急症的美利坚和一筹莫展的同僚，财政部长汉密尔顿上任伊始，便开出了速效“四味”药方：强化政府财权，填平财政赤字，建立信用制度，发展制造业。

针对战争期间形成的“州权”大、联邦权力小的弊病，汉密尔顿力主权力归联邦，强化联邦政府的行政权力和经济职能。作为金融专家，他深谙公共信用对政府的意义，为了给新政府“树威”，汉密尔顿提出发新债抵旧债的办法，对已经大幅贬值的旧国债坚持按面值偿付。联邦虽然多出了点血，却赢得了公众对政府的信任。发债只是应急之策，汉密尔顿的第二招是建立健全税收制度，保证联邦有稳定的岁入来源。鉴于国内几乎不产金银，贸易逆差导致通货短缺的难题，汉密尔顿采取“私有公管”的方式，私人出大头，政府出小头，合资成立美利坚第一银行。政府以200万元“启动资金”取得了对银行业务的监督权。以上配套方案相继奏效后，一个被称为“美国工业化宪章”的《关于制造业的报告》出笼了。报告中，汉密尔顿全面论述了“工业立国”

的理论和措施：制造业不受土壤、气候影响，通过分工、专业化能极大地提高效率，比农业有更大的产出，是美国产业发展的方向。大力发展制造业，对内必须突破“自由放任”的陈规，通过关税保护、奖金鼓励、技术引进、信贷倾斜等措施，加大政府扶持力度。对外采取“亲英”政策，弥合美、英矛盾，引进英国的资金、技术，缩短美国工商业发展进程。汉密尔顿的这些主张，根据联邦政府面临的问题，按轻重缓急先后提出，其间联系紧密，构成了完整的经济纲领。最难能可贵的是，汉密尔顿透过初露端倪的英国工业革命，窥破了天下大势，在现代化第一次浪潮刚刚掀起时，就把新生的美国引入了时代的主航道。

实践证实了“汉氏药方”的灵验：5 年后，旧国债全部偿清，6300 万新国债被溢价抢购；关税、（船舶）吨税、消费税的实行，使联邦有了固定收入；银行的建立，不仅使政府获得了国外贷款，还得到了银行固定分红。信用的重建刺激了证券市场，带动了股份公司的迅猛发展。美国用十多年的时间走完西欧几百年的路，初步建立了财政金融制度。商业和航海业兴起与发展，按人口比例计算，1793 年美国成为世界第一航海大国。

汉密尔顿的经济政策在北部工商业者中赢得一片叫好声，却惹来了南部种植园主的痛骂。他们认为，税收给农业带来了沉重负担，国家是拿南方纳税人的钱扶持北方，关税保护不仅使农民买不到价廉物美的外国货，还容易引起别国对美国农产品出口的报复措施。

种植园主出身的国务卿杰斐逊坐不住了。通过一番出国考察，杰斐逊提出了与汉密尔顿大相径庭的立国主张。杰斐逊认为，联邦政府过度集权，有违宪法的民主、分权精神，应当加强州权和人权；美国与英国国情不同，欧洲地少人多，只能发展商贸和制造业，而美国土地肥沃、人口稀少，应扬长避短，把工业留给欧洲，走商品农业的道路；为提高农产品的出口竞争力，政府应采取自由贸易政策，降低关税门槛。杰斐逊为美国设计的长远发展战略是：美国的潜力在西部，应推行西进计划，大搞西部商品农业开发。同时，对外应采取“亲法”政策，为美国农产品寻找更多的买家。

“汉氏理论”虽化解了开国之初的危机，却“侵犯”了占总人口90%的美国农民的利益。他所代表的联邦党在选举中铩羽而归。随着杰斐逊1800年入主白宫，“杰氏方略”开始吃香。新总统上任后便大搞政府机构改革，实行“节俭政策”，减轻农民负担。为了使美国农民获得宝贵的土地，一向视宪法为生命的杰斐逊竟冒着“违宪”的风险，以每英亩28美分的低价，从法国手中购得82.8万平方英里的路易斯安那，使美国领土扩大了一倍。接着联邦政府趁热打铁，颁布新的土地法案和救济法，按人均160英亩、每亩2美元、5年分期付款的方法，将西部土地出售给广大移民。持续一个世纪的“西进运动”由此拉开了帷幕。

平心而论，“杰氏方略”也是符合美国国情的好思路。作为由移民组成的新生国家，美国农业有许多早期现代化因素。发展自耕农业，在美洲建立和平、安宁的世外桃源，是开国元勋们追求的理想。“杰氏方略”的推行，为美国西部农业开发战略定了基调。但是，不论新生的美利坚以两洋为屏障离欧洲列强多远，它终归要成为工业化世界的一部分，关起门来发展田园诗般的农业，只能是一个梦。1806 年，英国海军袭击美国战舰，杰斐逊抛出了“禁运法案”，认定搞工商业的英国必然依赖以农业为主的美国，不料，建国初的惨景竟倏然重演，美国经济再次陷入困境。严酷的现实验证了汉密尔顿的预言——没有自己的大工业迟早要挨打。杰斐逊重新拿起已故政敌 14 年前撰写的报告，运用自己的权力和影响，通过了比汉密尔顿时期更高的关税，成立美国第二银行，开创保护制度，执行了没有汉密尔顿的汉密尔顿路线。

# 自由择业权的代价

> 从经济角度看，1861 年的美国“南北战争”，是确定自由择业权的决战。经济问题不应靠战争解决。可限制劳动力流动的坚冰，终于被熊熊战火消融。此后美国的经济生活，也因这场战争发生了深刻变化。

1860 年 11 月，共和党人林肯当选美国总统，把限制奴隶制列入新政府日程。南部蓄奴州脱离联邦，另立山头，南北战争爆发。对于战争的缘起，历来众说纷纭。从经济角度看，这是一场确定自由择业权的决战。人们不禁要问，自由择业权为何如此重要，以致要以 4 年血战为代价？

美国南北经济对立由来已久。北部工商业唱主角，崇尚自由经济。在北方实业家眼里，商品应畅通无阻，资金流向高收益产业，土地可以自由转让，最重要的，是劳动力自由流动。美国公民是愿意开荒种地、驾船捕鱼还是打工挣钱，完全个人说了算。

与英国相比，美国工商业还是“小个子”，冲出国门尚需时日，关税保护、资金投入、基础建设，这些事离不开联邦政府的关照。与北方截然不同，南方是棉花种植园的天下。种植园主打着自己的算盘：棉花销路这么好，何必去搞工商业；种棉花可是苦差事，自由人不愿干，当然要用奴隶；美国领土南方也有份，合适的地方都该种棉花；棉花卖给英国佬，有卖也得有买，得想辙让联邦降低关税……南北经济处处相左，互不相容，建国后一直磕磕碰碰，打打和和。随着合众国领土迅速扩大，南北对抗急剧升温。19 世纪初，划入美国版图的大西部归谁，成为双方矛盾的焦点。

英国古典经济学家威廉·配第说：土地是财富之母，劳动是财富之父。美国南北双方拼争的，显然不只是那块广袤的沃土，而是要确立各自的“土地—劳动”结合方式。工商业和自耕农业，是北方的设计；黑奴撑起的种植园，是南方的勾画。二者本质区别只有一点：土地上的劳动者是自由人还是奴隶。这也成了双方绕不开的“死结”。

不论南方还是北方，都为“缺人手”头疼。1790 年，美国总人口不足 400 万，平均每平方公里 1.7 人。解决劳动力的办法，北方只有一条，从欧洲移民。南方种植园的活又苦又累，只能拜托给黑人奴隶。移民和贩奴同步进行，70 年间人口增长了 8 倍，被扩大的领土一平均，每平方公里也只有 4 人。远水解不了近渴，只好充分利用现有资源。怎么利用？北方盯住了劳动密集、效率低下的种植园，主张扩大“自由州”，让 350 万黑奴自由流动；南方则抱定种植园经济不放，拼命扩大“蓄奴州”数量。

劳动力的流动，应该舍低求高，往收益好的产业奔。这既符合劳动者自身要求，又能推动产业结构调整，促进社会经济发展。这样一桩好事，为何北方坚决拥护南方竭力反对？恐怕与南北经济特点大有关系。

南部气候温润、土壤肥沃，殖民地时期就搞起经济作物。可种烟草、栽水稻耗时费力，技改难度太大，只好多用黑奴，大搞人海战术。英国的金币填满土地所有者的腰包，种植园经济也就在南方落地生根。其特点是低投入高产出：土地是英王赏的，不须花一文钱；黑奴一次性成交，使用几十年后还能转手；而南方货在英国抢手得很，种植园经济简直是一本万利。耗竭地力，增加奴隶，成了种植园主们的致富秘诀。独立战争后，棉花成为美国南方主打产品，扩大棉田，增加奴隶，种植园的"投入产出"方式丝毫没变。棉花让种植园主们富得流油，棉田里的黑奴却一无所获。

与南方不同，北方气候干冷、土壤贫瘠，不论农业还是工业，都力求用高投入换取高产出；耕地少、劳动力昂贵，只好精耕细作、改进农具，提高单产；劳动力匮乏，工资高，只能靠增添设备，提高企业效益。西部对北方的诱惑实在太大了。向西部进军，北方自耕农就能获得大片沃土，北方农业耕作、用工方式优势尽现，并能迅速影响全国。农业立住了脚，工业西进便指日可待，风气一开，迟早逼着南方佬把黑奴放过来。劳动力流动这着棋活了，美利坚必将是北方自由经济的天下。对种植园主来说，占领西部一下子有了"战略意义"：虽然西部不宜种棉，也得寸土必争。

种植园模式不在西部扎根，南方在竞争中就要甘拜下风，搞不准哪天蓄奴就会被判非法，真要那样，南方的好日子也就到头了。

根据联邦土地法令，只要掏得起钱，西部土地要多少有多少。北方实业家对此没什么意见，南方种植园主可不愿干——花钱买地，明摆着和种植园“低投入”模式过不去，何况西部不长棉花呢。19世纪前半叶，南方以分裂、骚乱相要挟，迫使联邦一次又一次妥协，蓄奴州由6个增到11个。这回北方可不愿干了。1860年实业家和自耕农联手，把主张限制奴隶制的林肯推上总统宝座。林肯的施政纲领从未提过“废奴”，可种植园主们心里明白，新总统限制奴隶制的主张，无异于要剥蓄奴制这棵大树的皮，大树早晚得死，南方种植园300多万黑奴，迟早要落入北方人手中。这是南方脱离联邦的根本原因。

1861年4月12日，南方军队炮轰萨姆特堡的北方守军，内战爆发。开战头一年，南方军队节节取胜，北方军队连吃败仗。林肯总统不得不使出“杀手锏”：1862年5月，联邦政府颁布《宅地法》：凡是美国公民，交纳10元手续费，便可在西部获得160英亩土地，连续耕种5年，即成为私人财产。1863年元旦，林肯正式发布《解放宣言》：即日起废除叛乱诸州奴隶制，允许南方奴隶以自由人身份参加北方军队。得人心者得天下，战争虽在继续，可谁胜谁负已经明了。

南北战争并没有解决北方劳动力短缺问题。战后，南方长期实行“分成租佃制”，多数黑奴变成了佃户。北方工厂所需的熟练工人以及西部需要的自耕农，是战后从欧洲几次大规模移民解决的。可限制劳动力流动的坚冰，终于被熊熊战火消融。南北战争最直接的结果，是确定了劳动者本该拥有的择业权。战后，劳动力自由流动在美国成为现实，并固定为一种机制。它又带动了其他生产要素的流动，引起日后美国经济生活的深刻变化。

## 工业化的“助推器”

> 在首轮工业化浪潮中，美国是后来者。但不到一个世纪，便成为世界头号工业强国。在成功背后，政府的角色最具“美国特色”：它屡施“四两拨千斤”的妙招，淋漓尽致地发挥了“助推器”作用。

当英国的工业化开始蹒跚学步时，北美大陆还在农耕世纪熟睡。待它一觉醒来，原来的幼童，早已长大成人。“南北战争”前肇始的美国工业化，一度是欧洲的追随者。然而后来者居上，经过不到一个世纪的狂飙突进，美国便将先行者远远甩到了身后。美国工业化所以取得如此成功，政府在其中的作用，可谓举足轻重。

与许多后起国家不同，在工业化进程中，美国政府不是“发动机”，只是“助推器”。也就是说，为了搞工业化，总统没有向全国发号召，国会没有搞发展规划，联邦没有直接办厂。“助推器”的作用，主要是为工业化创造条件，提供空间，在节骨眼上推企业一把。

搞工业化最紧要的是什么？当然是人才和技术。英国是世界工业化的故乡。把英国现成的东西“拿”来，成了美国政府的第一要务。可英国人吝啬得很。1774—1785 年，英国政府颁布一系列禁令，不准技师、机器出境，对私带图纸“闯关”者，判刑 1 年，罚款 500 英镑。“拿”不来就“挖”。各州纷纷亮出绝活，引进技术，吸引人才。重赏之下必有勇夫。英格兰的穷工匠起了活思想。塞缪尔·施莱特和约翰·施莱特穷哥俩，把最前沿的纺纱技术装进大脑，漂洋过海来到美利坚。美国人洛维尔出访英国也不空手，顺手牵羊偷回尖端织布技术。世界上首家梳棉、纺纱、织布一体化的工厂，1814 年秋在北美大陆开张，美国纺织技术走到了英国前头。外来和尚好念经，本地僧人也可以做道场。为挖掘本土人才的潜能，1863 年，联邦政府组建国家科学院，鼓励州、企业和个人科研投入。民间办科研蔚然成风。1876 年爱迪生创办“发明工厂”，1900 年通用电气建立实验站，到 1915 年美国各类工业研究机构超过 100 个。贝尔、爱迪生等美国发明家，成了家喻户晓的英雄，从他们的实验室里，走出了美国一流的科技人才。

在广袤的国土上搞工业化，交通运输得先行一步。1830 年，英国的蒸汽机车刚刚投入运营，美国就跟着修起了铁路。铁路可不是谁都能玩得转的，既需巨额资金，又要专业技术，回收期长，风险大，按理应由政府操办。美国政府却另有高招。此招的精髓在“以地换路、多贷少投”。根据 1862 年和 1864 年法案，国家把筑路权交给铁路公司，每修一英里铁路，赠与沿线 10—40 英里土地，并可获得 1.6 万—4.8 万美元贷款。政府先后拨出土地 2 亿英亩，发放贷款 6500 万美元。这是一个惊人的数字。但它却换来 5 条横贯大陆的干线，40 亿美元国外投资，1 亿美元利息收入，为政府节省运费 6 亿美元。1910 年美国铁路总长度超过英国 11 倍，工业中心向西部原料产地靠近了 350 公里。修这么多路，政府却不担风险，无须增税还债，获得了许多管制权，为西部输送了近千万移民，还带动了铁路沿线经济的发展。最妙的是，修路使政府“四两拨千斤”的功夫炉火纯青，顺便运用到其他公共事业中去。

搞工业化离不开人。美利坚立国近百年，人口不过 3100 万，平均每平方公里只有 4 人，农业劳动力是工业的 4 倍，还有 350 万黑奴不能流动。南北战争使劳动力自由流动成为可能。但工业化所需的劳动力短缺，还是困扰美国的一大难题。直接输入劳动力是最便捷的解决办法。但美国移民政策所强调的，不是盲目引进，而是重点输入。1864 年联邦移民局成立，《鼓励移民法》出台，对产业工人，提供优惠政策。比如外国工人前往美国，可预借路费等。此后半个世纪，入境移民 2700 万，45 岁以下青壮年超过 60%，主要工业部门中，移民工人占一半以上。工业化的发展需要更多高素质人才，办教育成了政府的重头戏。1862 年联邦政府签署《摩里尔法案》，规定各州可领取国有土地，创办大学。到 19 世纪末，为举办国民教育，共划拨土地 1.5 亿英亩，相当于法国、瑞士、比利时三国面积总和。1867 年设立教育局，大搞义务教育和职业教育。20 世纪初，美国已实现初等义务教育，建立了从幼儿园到大学的教育体系。

大工厂是工业化的杰作。对于政府来说，办企业应该是小菜一碟。政府办厂还可能带来一些好处，比方说增加财政收入，加快技术进步，为私人企业提供样板……这样的好事美国政府很少去试，但对私人办厂却鼎力扶持。1798 年春，大学毕业生惠特尼听说美法关系紧张，便上书财政部长，自告奋勇要为国家生产一万支枪。两年交货期满，财政部只看到一包零件。在官员们怀疑的目光下，小伙子当场装配了 6 支滑膛枪。得到延期许可的惠特尼，用了 10 年才完成订单，并把钱挣到手。这种傻事，大概只有美国政府会干。可没有这样的政府，就不会有美国工业标准化，更不会有日后的大规模集约生产。自此之后，美国政府“傻劲”不减，泰勒的劳动定额管理、福特的流水线、卡内基的煤铁联营、阿穆尔的联合生产，这些欧洲人不敢想或不敢做的事，大都得到政府的关照，也最终在美国扎下了根。政府对企业的关爱远不止这些。比如发展投资银行，帮企业筹集资金；实行金本位制，确保工业品价格坚挺；把平均关税从 18.8%提高到 52.4%，使国货免受进口货冲击；采取累退性税制，减轻企业负担……美国政府与企业的关系，大约可归纳为一句话：官倡、官助，但不是官办、官管。

美国政府“助推器”角色当得不错。1894 年，美国工业产值超过英国，跃居世界第一。又过了 20 年，便超过英、德、法、日四国总和，成为名副其实的世界头号工业强国。

## 国家干预浮出水面

重建金融、调整农业、复兴工业、恢复贸易关系，罗斯福“新政”的产业政策，最终目标都是消灭贫困和失业。“新政”的成功，为困境中的自由经济打开了通道。政府对经济生活不能袖手旁观，成为罗斯福以后美国历届政府的基本信条。

建国后 150 多年间，美国一直奉自由经济为圭臬。市场经济这只“看不见的手”，创造繁荣，也孕育危机。“无为而治”的直接后果，是垄断代替竞争。贸易保护和低税收政策，使富者更富，贫者愈穷。多数人口无力消费，生产便出现“相对过剩”。“一战”后，美国经济危机四伏：农产品积压，价格猛降；企业开工不足，工人大批失业；银行加入股市投机，金融体系险象环生……美国经济像失控的列车，顺着倾斜的轨道飞速下滑，随着 1929 年证券市场崩溃，自由经济的黄金时代结束了。沧海横流，方显英雄本色。1933 年 3 月 4 日，富兰克林·罗斯福入主白宫，掀起“新政”旋风，用国家干预这只“看得见的手”，清除自由经济积弊，挽狂澜于既倒，美国经济制度由此发生了深刻变革。

如果说经济震荡是座活火山，金融就是火山口。经济不稳，老百姓首先想到的，是赶紧把存款取出来。可银行早已拿储户的钱炒了股，面对“挤兑”人潮，一下子傻了眼。痼疾需用猛药，罗斯福上任后第三天，便对金融体系动大手术。新总统下令银行歇业整顿，国会通过《紧急银行法》，对银行全面清查，同时严禁黄金出口，暂停外汇交易。经过严格审查，多数银行重新开业，金融恐慌渐渐平息。病来如山倒，病去如抽丝，恢复金融秩序，并非一招就灵。为了重建金融，政府采取了分步手术法。第一步放弃金本位。国会通过《黄金储备法》，美元贬值 59.06%。此举提高了出口竞争力，减轻了低收入阶层的债务负担，物价开始稳步回升。第二步手术历时三年，目的是规避金融风险。1933 年和 1935 年，国会先后通过《证券法》和《证券交易法》，增加上市公司透明度，建立证券发行保证金制度，对用银行贷款购买股票实行控制，限制交易人员、中间商和经纪人从事证券买卖。1933、1935 年两个《银行法》相继出台，使投资银行和商业银行分离，减少了银行的股市投机；建立联邦储蓄保险公司，降低个人存款风险；对始建于 1913 年的联邦储备委员会，进行大刀阔斧的改组，设立公开市场委员会，通过控制贴现率、利息率和准备金比率、公开市场业务，加大政府对银行的监管力度，金融控制权由华尔街转到了华盛顿。

俗话说，无农不稳。对危机中的美国农业，新政府一刻不敢放松。1933 年 3 月，国家农业信贷局成立，1 亿美元低息贷款发放到农民手中，农业债务、农场抵押问题得到控制。大萧条期间最苦的是农民，增产不增收，愁坏了种田人，出路只有一条，限产增收。1933—1938 年，国会先后通过两个《农业调整法》，政府与农民签订协议，减少种植面积，压缩畜栏量，有计划地减少农产品供应。政府还采取保护价收购余粮、出口补贴、谷物保险等措施，稳定农业，提高农产品价格。“新政”期间，1000 万英亩棉花被犁掉，2000 万英亩土地休耕，600 万头猪崽被宰杀。这些怪诞做法招致种种非议，可农业收入增加了 1 倍，农民不再闹事了。政府还利用生产资料价低的有利时机，大搞农业基础建设，发展农村电气化。到 1940 年，全美输变电线路横跨主要农产区，20 世纪中叶，美国农村基本实现了电气化。

企业间无序竞争、垄断盛行，是造成经济衰退的一大原因。罗斯福不管在野党的风言风语，把社会主义苏联计划管理的思想，用到了新政的工业政策上。1933 年 5 月，《国家工业复兴法》颁布，由政府出面，协调各行业工会统一行动，制定公平贸易和竞争规则；组织工人与雇主谈判，就最高工时、最低工资、再就业达成协议。3 年内制定行业法规 746 个，95%以上的工人获得了劳动保障权。20 世纪 20 年代，以控股公司为主的垄断组织，欺行霸市，左右政府，是没人敢碰的“刺头”。明知山有虎，偏向虎山行。新总统力排众议，果断向垄断组织开刀。政府在早先的《谢尔曼法》《克莱顿法》《联邦贸易委员会法》基础上，制定了《公用事业控股公司法》，对控股公司实行肢解和管制，两级以上的控股公司被依法取缔，股市中的投机巨鳄销声匿迹。《反价格差别对待法》和《米勒—泰丁法》等法案，保护小商人、小业主，抑制大制造商、大经销商，推动了工商业的公平竞争。《通讯法》《商船法》《民用航空法》《运输法》的实施，将交通、通讯业管理权收归政府，行业垄断的坚冰被打破了。

恢复经济光靠国内市场不行，搞好对外经贸关系至关重要。在这方面，罗斯福的前任就很不会办事。1930年，胡佛总统签署《斯穆特—霍利法案》，大幅提高关税，引起其他国家的报复，美国经济雪上加霜。新总统上台后，敦促国会通过贸易协定法，开展多边贸易谈判。到1939年，美国同22个国家签订了互惠贸易协定，关税率平均降低13%，为“过剩”的美国经济打开了国外市场。

重建金融、调整农业、复兴工业、恢复贸易关系，罗斯福“新政”的产业政策，最终目标都是消灭贫困和失业。这个“结”解开了，“需求”不足和生产“过剩”问题也就迎刃而解，整个经济就能进入良性循环。扶贫济困需要政府掏腰包。这笔钱可不是小数目。自由放任时期平衡预算的做法不灵验了。新总统敢想敢干，提出“复式预算”的新理财观，把用于救济、复兴经济的赤字开支列入“非常预算”，后来干脆实行补偿性财政政策，借明天的钱，办今天的事，赤字财政成为“新政”的一大特色。钱的问题解决了，往下的棋路便如行云流水。政府采取“劫富济贫”的办法，大搞社会救济。对高收入阶层课以重税，通过财政转移支付接济穷人。通过以工代赈、公共工程创造就业岗位。联邦紧急救济署拿出 132 亿美元，实施以工代赈计划。先后组织 250 多万未婚男青年“上山下乡”，为 850 万失业者提供了临时工作。兴办公共工程耗资 65 亿美元，主要由私人承包，通过种种办法刺激社会投资，1932—1937 年，私人投资增长 12 倍。救济、就业问题初步解决后，政府又把社会保障列入时间表。1935 年 8 月，罗斯福签署《社会保险法》，养老金、失业保险、老年保险、不幸者救济，都由联邦政府拿大头，美国迈出了向福利国家过渡的关键一步。

罗斯福“新政”，并没有用系统的经济理论作指导。1936 年，英国经济学家凯恩斯发表《就业、利息与货币通论》，首次提出当生产过剩、消费不足时，政府要干预经济，运用财政、货币政策，刺激投资，拉动需求，促进经济复苏。凯恩斯为美国“新政”提供了最佳的理论诠释。“新政”的成功，为困境中的自由经济打开了通道。政府对经济生活不能袖手旁观，成为罗斯福以后美国历届政府的基本信条。

## 收入政策力所不逮

> 对付经济萧条，人们曾经以为单凭财政、货币政策，便可包打天下，不曾想在通货膨胀面前，却显得无能为力。其后美国启用“收入政策”，指望通过冻结工资和物价，能够驯服通货膨胀。但事实表明，收入政策也是竹篮打水，枉费心机。

罗斯福“新政”，使美国渡过了“大萧条”，也使凯恩斯主义成为显学。第二次世界大战后几十年间，美国政府运用财政与货币政策，对经济实行干预，经济曾一度繁荣。但凯恩斯主义并非灵丹妙药。正当人们为高就业、高增长沾沾自喜时，通货膨胀却像艾滋病毒，迅速滋长扩散，严重危及了经济的健康。高就业与低通胀，本是一对冤家，鱼和熊掌不可兼得，可美国政府既不愿舍鱼，又想取熊掌，于是挖空心思，企图以收入政策来维持高就业，控制通胀。然事与愿违，通胀没控制住，失业率却猛增，经济停滞与通货膨胀结伴而来，美国经济陷入了“滞胀”的泥潭。

所谓收入政策，就是试图通过冻结工资和物价，使高增长、高就业、低通胀并行不悖。管制工资和物价，历史上曾经就有过，不过那是在战争时期。和平时期采用此招的，要数美国历史上最年轻的总统肯尼迪。1961 年初肯尼迪入主白宫时，美国经济已连续7年徘徊不前。为了重振美利坚雄风，年轻的总统大搞赤字财政，推行“廉价货币”政策，大幅减税，扩大社会福利，刺激投资和消费，美国经济重新启动，持续高速增长。生于忧患，死于安乐。新总统没有被胜利冲昏头脑，时刻关注着繁荣背后的通胀隐患。肯尼迪对通胀成因的理解与前人不同。此前的执政者大多认为，凯恩斯主义生于“大萧条”，解决“需求不足”，可以手到病除。可矫枉难免过正，国家干预经济，货币供应一旦过头，物价不免上涨。也就是人们通常所说的，“需求拉动”，会引发通货膨胀。既如此，解决的办法，只能是加大税收，减少财政支出，紧缩货币供应，人为地压低需求，促使供求平衡。摁下葫芦起来瓢，压低需求为通胀降了温，经济却又重回衰退的老路。对此，肯尼迪不以为然。他认为，通胀的起因，是在于工人工资过高，高工资导致高成本，企业主不想赔钱，只能提高价格。工资、物价相互攀升，通货膨胀也就在所难免。既然通货膨胀源于“成本推动”，最简单的办法，莫过于控制工资和物价。

1962 年 1 月，总统经济顾问委员会制定了工资—物价指导线，要求工资增长，不得超过生产率增长；而物价上涨，不得超过工资增长。据测算，1945—1960 年美国平均劳动生产率增长率为 3%—4%，货币工资、物价年增长率便以此为最高限。指导线好定，执行起来却颇费周折。当时美国最“牛”的是汽车和钢铁业，为了把这两个大头搞定，总统恩威并施：致信企业主和工会，推动三方谈判；对不听话的打压，对合作的给予扶持；实行减税优惠……最后各主要行业终于签订了工资—物价合同。纸面的合同总是靠不住，工资—物价先降后涨，始终没能在指导线下长时间稳住，到肯尼迪遇刺身亡之后，该政策也很快偃旗息鼓。貌似合理的收入政策为何行不通？毛病就出在政府一厢情愿上。美国劳动力长期短缺，高工资是历史传统，美国在世界上最早搞工运、建工会，19 世纪 80 年代全国劳工联合会成立，1955 年“劳联”与“产联”合并。劳方虽在资方屋檐下，却很少低头，限制工资增长，对工人来说无异于摁下牛头强喝水，自然会百般抵制。按理说，降低工资企业主应该高兴，可事实并非如此。各行业情况千差万别，劳动生产率高、竞争力强的部门要抢得先机，就得靠高工资吸引熟练工人，指导线对这些行业来说，是又想马儿跑，又想马儿少吃草，当然企业主难以从命。而劳动生产率低、竞争力差的部门的工人，却水涨船高要把工资提到指导线附近。这类企业，本来就为成本过高发愁，这下就更吃不消了，当然要拼力抵制。政府、工人、企业主三方心思拢不到一块儿，指导线也只能是一纸空文。肯尼迪任内，确实没有造成通胀，但这却绝非收入政策起作用，恰恰相反，正是那条众口难调的指导线，使失业率不断升高，通胀也就随之被掩盖了。

继肯尼迪之后，实行收入政策的是尼克松。这位总统本是肯尼迪的竞选对手，对收入政策，最初并不“感冒”。1968 年，尼克松成为美国第 36 位总统，上任之后，他面对的是越南战争给美国带来的巨额赤字、大量亟待就业的复退军人，以及来势汹汹的通货膨胀。新政府在最初两年，锐减开支，紧缩货币，控制需求，经济不升反降，通货膨胀也愈发不可收。无可奈何之下，新总统只好重走赤字财政、扩张货币政策、工资—物价管制的老路。在收入政策上，尼克松走得更远。1971 年 8 月，总统宣布工资、物价冻结三个月。这一招有釜底抽薪之效：物价断难上涨，劳资双方也打消了讨价还价的念头，通货膨胀硬生生止住了。“冻结”当然不是长久之计，形势好转了，管制也随之放松。尼克松靠“冻结”给通胀退了烧，却除不掉造成通胀的病根。1972 年 10 月，中东爆发战争，国际油价飙升，从而拉动物价大幅上扬，通胀骤然升至两位数。尼克松政府故技重演，于次年夏天又实行 60 天价格冻结，但解冻之后，不仅通货膨胀居高不下，就业率也直线下滑。1974 年 8 月，尼克松因“水门事件”引咎辞职，工资—物价管制也就停摆了。尼克松的工资—物价冻结政策所以失败，当然有政策外诸多突发因素的影响，但其自身也有致命的缺陷。靠冻结的方法人为限制物价，一时尚能奏效，时间一长，便会导致价格信号失灵，资源配置扭曲，经济无法健康运行，高增长、高就业、低通胀也就成了镜中花、水中月。

卡特总统是收入政策最后一位实验者。1978 年 10 月，他提出非强制性工资与物价指标，试图通过税收刺激，鼓励工人和企业保持低工资，稳定物价。具体思路是：政府规定工资增长指导线，工资高过此线，就对企业、个人增税；工资低于指导线，企业和个人可享受减税待遇。这种做法无异于鞭打快牛，保护落后。效益好的企业无法用高工资吸引工人，开工不足发展乏力；对工人来说则是奖懒罚勤，效率公平俱失。此方案一经提出，便遭到议会否决，收入政策从此寿终正寝。

对付经济萧条，人们曾经以为单凭财政、货币政策，便可包打天下，不想在通货膨胀面前，却显得无能为力。其后继者以收入政策为补充，指望能够驯服通货膨胀，却也是竹篮打水，枉费心机。决策者们从中悟出了一个道理：政府不是万能的，经济自身的力量更可畏。国家干预这只看得见的手，只有和市场这只看不见的手协调并用，经济方可畅行无阻，老百姓才能得到最大的福祉。

## 自由经济的复兴

> 为了对付“滞胀”，里根总统改弦易辙，高举自由经济大旗，使出了“三减一稳”四路拳法：减轻税负、缩减开支、减少政府干预、稳定货币供应量。当78岁的里根告别白宫时，美国人民对这位演员出身的老总统，心怀感激、恋恋不舍。里根政府的经济政策，使美国经济出现了复兴。

1980年，罗纳德·里根参选美国总统。尽管他声望颇高，但还是有许多选民犹豫不决：这位加州州长已年近七旬，美利坚的重担他能扛得动吗？为了打消选民顾虑，里根请医学专家为自己全面查体，并将结果公之于众：除了左耳听力因早年拍电影稍有损伤，眼睛轻度近视外，一切如常。老里根一方面忙着为自己查体，但没忘了给美国经济把脉，此时的美利坚身染“滞胀”沉疴，有气无力，似乎已无药可医。里根上任后，一改国家干预经济的老套路，开出一组自由经济药方，使美国经济重现生机。里根本人，也因此在美国政坛乃至经济学界赢得了盛名。

美国经济缘何“滞胀”缠身？有人说是凯恩斯惹的祸。20 世纪 30 年代，西方世界遇到空前的经济大衰退，英国经济学家凯恩斯，为此提出了国家干预经济的主张。而大洋彼岸的美国总统罗斯福，与凯恩斯不谋而合，开始推行“新政”，用政府这只有形之手，成功地遏止了“大萧条”。此后，国家干预走进了美国经济生活，凯恩斯学说也逐渐成为一门显学。1946 年，美国颁布《就业法》，把“最大的就业、产量和购买力”，作为经济发展长期目标，且“财政赤字无害，适度通胀有益”，成了历届政府创造政绩的不二法门。凯恩斯为美国经济带来了高增长，也带来了高赤字、高物价。道理很简单，要想刺激经济，政府就得加大投资，财政出了亏空，只能多发票子。到 70 年代尼克松执政时，通货膨胀像雪球越滚越大。无奈之下，尼克松采取了强行冻结工资、物价的办法，不料稍一解冻，通货膨胀更一发不可收。旧病未去又添新愁，恰在此时，国际油价狂涨，“能源危机”导致了经济停滞。在“滞胀”面前，福特、卡特总统手捧凯恩斯经典，使出浑身解数，却左支右绌，首尾难顾：刺激经济增长，会使通胀雪上加霜；抑制通胀，又导致经济萎缩。凯恩斯被“滞胀”逼进了死胡同。

世易时移，穷则思变。里根总统认为，国家对经济干预过度，限制了经济活力，是造成经济恶性循环的根本原因。出路只有一条：减少政府干预，重倡经济自由。为了对付“滞胀”，里根总统改弦易辙，高举自由经济大旗，使出了“三减一稳”四路拳法：减轻税负、缩减开支、减少政府干预、稳定货币供应量。

数十年的赤字预算，使美国政府捉襟见肘。为弥补国库空虚，传统的办法是增税。美国人让增税增怕了，每逢新政府开张，总是“双手捂紧钱包，两眼盯住总统”。里根的《经济复兴计划》让公众松了口气。1981 年 8 月，国会通过减税法案。三年内削减所得税 23%，美国企业、个人少缴所得税 3500 亿美元。1986 年 8 月，国会又通过税制改革法案，将税率等级由 14 级简化为 2 级，个人所得税最高档税率由 50%减至 28%，公司最高税率从 46%减至 34%。该法案实施后，美国个人税负又减少了 1200 亿美元。政府为何放着花花绿绿的钞票不收？原来，总统自有高见：减税就像放水养鱼，轻税薄赋，让利于民，让企业和百姓的腰包先鼓起来，税基厚实了，税率虽降，政府的钱柜却会塞得更满。果不其然，从 1982 年年底开始，美国经济持续 25 个月高速增长，失业率从 10.7%下降到 7.1%，劳动生产率上升了 3%。美国国民生产总值达西方发达国家的 47%。

政府减税，势必缩减开支。然增支容易节支难。20 世纪 30 年代罗斯福首开福利保障先河，增进社会福利，便成了历届政府对公众的允诺。老百姓从中得到实惠，政治家借机捞足选票，财政却为此背上了包袱，到里根执政前，这笔开销已占财政总支出的一半以上。羊毛出在羊身上，欠账迟早得老百姓自己还。里根政府痛下决心，对福利制度大刀阔斧进行改革。削减内容林林总总，涉及家庭补助、医疗照顾、住房津贴、特殊行业拨款等方方面面。不到四年，里根政府削减福利支出5.6%，总计350多亿美元，取消公用事业冗员30万，100多万能自食其力的人，不再享受政府救济。这些做法，虽屡遭激烈反对，却减少了财政浪费、调动了劳动积极性。

里根治理经济频频得手，还得益于他大胆放松政府管制。他深信，只有管得少，才能管得好。于是，他让副总统布什牵头，组成内阁级别的特别小组，专门研究如何缩减政府管制权。在里根的坚持下，联邦法规撤销了三分之一，仅此一项节省成本150亿美元，为纳税人省掉了3亿小时的填表时间。《反托拉斯法》也被新政府束之高阁，石油、天然气、航空、货运等行业可自由定价，金融机构也能从事多种经营，企业界则展开优化重组，掀起了美国有史以来最大的兼并潮。简政放权对工商业无疑是"利好"消息，社会投资热情高涨，推动经济不断走高。

经济停滞好治，通货膨胀难医。为抑制通胀，里根把"注"押在稳定货币供应上，执行"单一规则"的货币政策：中央银行确定货币投放，只盯住两个指标：经济增长速度、劳动力增长率，货币投放稳定在两个指标之内。同时，取消利率上限，吸引外资，缓解资金缺口。高利率导致高汇率，大量廉价的外国商品涌入美国市场，拉动物价走低，通胀压力迅速缓解。里根执政的前3年，通货膨胀率由两位数，下降到平均3.9%，达到17年来的最低水平。在他第二个任期内，即使由于国际油价上扬、美元贬值，推动物价指数上升，通货膨胀率也不过4.4%。

当然，里根治疗"滞胀"的方案，并非完美无缺。有的措施彼此促进，有的则相互掣肘。比如财政支出，政府既大砍福利性开支，又拼命扩充军备，一头减一头增，旧的亏空没填上，新的赤字又出现了。稳定货币供应，提高利率和汇率后，外国商品，特别是日本货充斥美国市场，企业大伤元气，出口乏力，利润下降，又进一步影响了税收。巨额财政赤字、巨额外贸逆差，好像一对孪生兄弟，留给了里根的继任者。1988 年，政府财政赤字近 2000 亿美元，全国债务总额相当于生产总值的 1.8 倍，美国成为世界上欠外债最多的国家。今天的债就是明天的税，从这一点来看，高增长、低通胀是以牺牲未来为代价的。

尽管如此，里根政府毕竟把“通胀”降服了。1989 年 1 月，当 78 岁的里根告别白宫时，美国人民对这位演员出身的老总统，心怀感激、恋恋不舍。里根政府的经济政策，使美国经济出现了复兴。美国企业获得了更多的自由，他们相信只要假以时日，定能重振雄风；美国老百姓虽然少了一些免费的午餐，却不再为物价上涨寝食难安；美国日后还将为“巨额债务”付出代价，但却增强了战胜“通胀”的信心。

## “新经济”方兴未艾

在克林顿总统任内，美国走出“滞胀”阴影，实现了高增长、低通胀、低失业。信息技术、网络经济为美国长远发展添加了新燃料。按理说美国经济应该一帆风顺，却为何横生波折？原来，“新经济”还没炼成金刚不坏之身，繁荣的背后也有隐忧。

2000 年 3 月上旬，美国华尔街的股民欣喜若狂。道 · 琼斯指数和纳斯达克综合指数双双暴涨，均创历史新高，投资者好似一不留神，就赚个盆满钵满。股市是经济的晴雨表，美国经济此时正是牛气冲天：经济保持 107 个月持续增长，打破了第二次世界大战后的最高纪录，物价稳定，就业充分。更引人注目的是，美国信息产业独领风骚，在全球化经济浪潮中占尽风光。许多经济学家认为，美国已进入“新经济”时代，经济发展还将持续强劲。可不到一个月，形势急转直下，股市开始狂泻，到年底，道·琼斯指数跌幅超过 20%，纳斯达克股票缩水过半，4 万亿美元打了水漂。投资者如惊弓之鸟割肉而逃，各大公司刮起裁员风，老百姓开始扳起手指头过日子，美国经济迅速降温。踌躇满志的小布什总统遭遇迎头一棒，他怎么也想不通，好端端的“新经济”，怎么说不行就不行了？

尽管美国经济增速放缓，可极少有人认为它气数已尽，这和 8 年前大不相同。当初克林顿接手的是个烂摊子。前任乔治·布什打伊拉克很有一手，抓经济却一团乱麻扯不清。美国经济一度出现负增长，1992 年财政赤字达 2930 亿美元；美国货不仅在海外节节败退，在国内也渐渐失宠；失业率蹿到 7.5%，近千万美国人在家吃闲饭。美利坚后院起火，日本、西欧乘机叫板，美国的盟主地位岌岌可危。受命于危难的克林顿，为重振王者之风，打出长短结合两套牌：既图近利，以解燃眉之急；又打长谱，走活持续发展这盘棋。

财政赤字、出口乏力、失业率攀升，是悬在新政府头上的三把剑。克林顿的应对之策是增收节支、公平贸易、扩大就业。增收主要靠征税。新总统提出，5 年内增税 2410 亿美元。这次税改强调“公平税负”：外资企业没了税收优惠，占美国人口 1.2% 的富有阶层，负担新增税收的 81.3%，4000 万中低收入者则享受减免税待遇。节支靠精兵简政。军费一次缩减 500 亿美元，联邦机构连撤加并，10 万政府雇员下岗分流。几笔账算下来，财政开支减少 2550 亿美元，到 1998 年，美国财政破天荒盈余 728 亿美元。美利坚又举起“公平贸易”的大棒，把持住关贸总协定和世贸组织，远交近攻，纵横捭阖，展开多边贸易谈判，消除贸易壁垒、打开出口通道。同时实施“国家出口战略”，放松管制、增加贷款、提供担保，引导企业开拓“新兴市场”，外贸出口年增长率超过8%。为缓解失业问题，克林顿上任当年就拨出310亿美元，大搞基础设施建设，50万人重新捧起了饭碗。

新总统边踢头三脚，边琢磨下一步棋。他认为，美国经济要赢得未来，必须抢占制高点，在创新上做文章。在新一轮竞争中，美国应把目光瞄向哪里？克林顿打出了两张王牌：信息革命、制度创新。1993年9月，美国“信息高速公路”计划出台，克林顿亲自执掌国家科委主席帅印。几年来，美国信息技术投资占全世界的40%，人均投资量比世界平均水平高8倍。有付出才有回报。美国成为全球信息产业的老大，软件业年增长12.5%，网络经济增速高达174%。信息产业对经济增长的贡献率达35%，从业的人数近2000万，全球信息技术公司100强中，美国独占70多个席位，全球软件市场75%以上是美国货。作为第一网络大国,每9个美国人就拥有一个因特网站,上网人数稳居世界榜首。信息革命推动产业升级，许多传统产业部门嫁接新技术，大规模改组、改造，美国制造业的劳动生产率比欧、日高出20%，服务业高出近50%。

美国经济稳执牛耳，制度创新居功至伟。创新浪潮遍地开花，渗透到生产、流通、分配、管理各领域。为提升产业竞争力，美国政府放宽反垄断限制，鼓励企业强强联手、跨国购并，掀起百年来最大的兼并潮。波音与麦道联姻，组成航空业巨无霸；埃克森与美孚携手，成为世界石油大王；国民银行与美洲银行合并，缔造出金融帝国；互联网霸主美国在线、娱乐传媒巨人时代华纳重组成功，创下3500亿美元交易天价。对国际市场竞争激烈的行当，美国着力打造经济航母，对无人匹敌的行业，政府又会按“原则”办事，“微软”因捆绑销售浏览器获罪，惨遭肢解，其用意便是鼓励国内同行业竞争，给其他公司留一条活路。金融创新对“新经济”贡献更大。信息产业的最大特点是高风险、高回报。创业之初，往往是几个年轻小伙凭着脑瓜灵打天下，没有识才慧眼，很难成就大事。政府放手发展民间风险投资公司。1993年出台了一个法案，鼓励银行向风险企业贷款，甚至承诺企业如果破产，政府包赔90%，拍卖资产有几个算几个。美国风险投资公司已多达4000多家，每年都有1万多家高科技企业受益。1999年11月，国会通过金融服务现代化法，允许银行、保险公司、证券经纪商相互兼并，实业家、金融界、普通投资者皆大欢喜，以科技股为主的纳斯达克股市更加火爆。新一轮经济竞争说到底是打人才战，美国各大公司大搞股票期权，“干得好，给股票”，成了董事会的口头禅。跨国公司还搞起管理创新，授权、代理制大行其道，网上销售、零库存管理等新理念，为企业带来了丰厚利润。

在克林顿总统任内，美国走出“滞胀”阴影，实现了高增长、低通胀、低失业。信息技术、网络经济为美国长远发展添加了新燃料。按理说美国经济应该一帆风顺，却为何横生波折？原来，“新经济”还没炼成金刚不坏之身，繁荣的背后也有隐忧。高科技产业因股市而兴，也会为股市所累。现今美国股市主要靠股民的信心支撑。很多企业股价一路狂涨，不是因为盈利多，而是由于被投资者看好，买股票不是看业绩，而是炒预期。1997 年亚洲金融危机后，国际游资纷纷登陆美国资本市场，放松银行管制使更多的金融机构卷入股市，拉高搏傻，投机严重，股市出现震荡也就不足为奇。经济持续走高，老百姓养成了超前消费的习惯，分期付款、抵押贷款大行其道，私人债务规模越积越大，1999 年甚至出现了负储蓄。美国家庭资产 48%投在股市，股市一变天，就会引发债务地震。信息产业造就了一批新富，而一些传统产业日子却不好过，收入差距越拉越大。在美国，富人和穷人各占 20%，前者收入是后者的 9 倍，这也是影响经济稳定的重要因素。

经济增长没有永恒的神话，美国也不例外。面对世纪之初国内经济风云突变，新上任的小布什总统会有何高招？美国新经济又将向何处去？世人正拭目以待。

# 英国经济

▲

走出重商主义的樊篱

产业革命一马当先

伦敦成为世界金融中心

撒切尔的“货币主义试验”

挡不住的私有化浪潮

福利制度骑虎难下

▲

## 走出重商主义的樊篱

英国曾是重商主义的故乡，但斗转星移，当英国完成工业革命，从农业国变为工业国之后，历史上功不可没的重商主义，却成了明日黄花。贸易保护主义受到挑战，《谷物法》和《航海条约》被相继废除，英国逐渐成为自由贸易的国家。

15 世纪末，航海业空前发展，哥伦布发现新大陆，欧洲商人为之狂喜。从前，他们只能往返奔波于地中海沿岸，可如今太平洋、大西洋乃至全球，都成了他们做买卖的市场。活动空间的扩大，意味着有了更多的机会，去赚取那亮闪闪的黄金白银。

英国的海岸线很长，外贸条件得天独厚，伦敦、利物浦成了繁忙的港口城市。美洲的土豆、蔗糖和咖啡，亚洲的瓷器、茶叶及烟草，走进寻常百姓家，英国货也源源不断地卖到了世界各地。1600 年成立的“东印度公司”，垄断了中英、印英间的贸易往来，把在印度种植的鸦片，转卖给中国，赚取丰厚的利润。1610—1640年，英国的外贸额增长了10倍。商业贸易飞速发展，国家财富增长很快，英国呈现一片欣欣向荣之景。无怪乎，经济学家威廉·配第得出结论："从业之利，农不如工，工不如商。"

贱买贵卖让商人们富得冒油，一个个腰缠万贯，世人对他们刮目相看：追求利润，天经地义；发财致富，世人仰羡。商人们可以通过购买土地，成为贵族，出席议会，在政坛上也有了发言权。但是，这并不意味着他们控制了政权。于是，他们需要一种理论，来说明商业的极端重要性，去争取政府有力的支持。

商业的繁荣兴旺，使"重商主义"风靡一时。"重商主义"者认为，金银是至高无上的，它代表真正的财富，国内贸易不能增加金银，所以应扩大贸易顺差，转从他国获取。如何取得贸易顺差？简而言之，就是奖出限入。一方面，给出口商予以补助，降低出口产品的成本，使其在国际上更有竞争力；另一方面，对进口商品征收高关税，让进口商获利甚少，甚至无利可图，迫使他们放弃进口。采取这些措施，国家会受益匪浅：日进斗金，不仅可维持王室的开支，改善民众的生活，更重要的是，这代表着更多的舰队、更广阔的殖民地、更大的市场、更丰厚的利润，在这个"良性循环"中，国库会日益殷实。

"重商主义"者构建的"蓝图"，果然让政府动了心。为争做世界霸主，英政府不但接受了"重商主义"的政策，而且还以家长身份，参与世界贸易竞争，庇护本国工商业者的利益。17世纪，为扩大本国的航运市场，颁布了《航海条约》，规定某些国家的土产品只能卖给英国，并且，卖给欧洲的货物，只能由出口国或英国的船只运输。当时，原料出口国的运输能力微不足道，只有荷兰能和英国一争高低，条约的针对性，可谓“司马昭之心——路人皆知”。对这种“霸权主义”行径，荷兰并没有“逆来顺受”，50年代，英荷打了四次战争，可都是英国取胜，荷兰最后只得就范。在“重商主义”的指引下，英帝国四处伸手，占领的殖民地越来越多，号称“日不落帝国”。

然而，斗转星移，当英国完成工业革命，从农业国变为工业国之后，功不可没的“重商主义”，却成了明日黄花。工业革命前，英国是一个农业国，限制外国农产品进口、保护本国农业，符合大多数人的利益。从中世纪起，为了维护本国农民的利益，英国实行《谷物法》，该法规定：除非国内粮食稀缺、价格高昂，否则不得进口，通过高关税，避免与外国农业的竞争。工业革命后，绝大多数英国人从事工商业，《谷物法》对他们并无好处。粮价高，生活费用就高，工人对工资的要求也高，工商业主面临“两难选择”：要么工人罢工，工厂不能运转；要么提高工资，自己的利润减少。英国工业在全球一马当先，产品丰富、竞争力强，迫切要求拓展海外市场，而长期实行保护贸易政策，不利于产品外销。以废除《谷物法》为契机，工商业者要求实行自由贸易政策。但是，在《谷物法》的兴废问题上，英国的两大政党各执一词。托利党（即后来的保守党），代表土地贵族的利益，主张继续执行贸易保护政策；辉格党（即后来的自由党），代表工商业者的利益，要求实行自由贸易政策。

经济形势的变化，呼唤新的政策，于是又对理论提出了创新的要求。在此期间，有两位经济学家格外引人注目，他们就是亚当·斯密和大卫·李嘉图。斯密为支持自由贸易，提出了“绝对成本”学说。他说，人的本性是利己的，都希望用最小的投入获得最大的产出，让人们自由参与国际分工，让商品自由交易，会使国家利益最大化。在此基础上，李嘉图进一步提出了“比较成本”学说。他认为，每个国家都有自身优势，生产本国成本较低的优势产品，然后拿到国际市场出售，大家互通有无，贸易双方都能以较小的代价，获得各自的需要，可以达到“双赢”的效果。

随着国际分工理论渐渐深入人心，废除《谷物法》，已是大势所趋。1839 年，反《谷物法》同盟在曼彻斯特成立。不久，皮尔（Robert Peel）出任保守党内阁的首相，但他并不坚持保护主义的政策，在任期间，多次降低关税。1846 年，废除了《谷物法》，他解释说：“在发明方面，在工作方面，在才能方面……所有方面，我们都站在世界的前面，我们还会怕竞争吗？”这是实情，英国的工业生产占世界的一半，是“世界工厂”。但是，历史却给他开了个玩笑：保守党不能容忍他的“背叛”，他的内阁被党内人士推翻，“前瞻性”使他结束了政治生命。

但是，贸易自由化的潮流浩浩荡荡，不可逆转。三年后，贸易保护主义的另一条约——《航海条约》也被废除，英国逐渐成为自由贸易国家。自由贸易政策展现出它的巨大功效。英国经济学家杰文斯，曾在《煤的问题》一书中不无自豪地说：“自由贸易，曾使地球上不少地区自动向我们进贡。北美洲与俄罗斯平原是我们的麦田，南美洲有我们的放牛场，秘鲁赠送它的白银，黄金从加利福尼亚与澳大利亚流到伦敦，中国人替我们种茶，西班牙与法国是我们的葡萄园，地中海是我们的果园……”

# 产业革命一马当先

> “圈地运动”和殖民掠夺，不仅使英国人积累了资金，而且也为其提供了无限的商机。伴随着工业技术的改进，交通运输的不断发展，社会生产力以前所未有的速度，大踏步地向前迈进。到 19 世纪 30 年代，英国的产业革命已大功告成。

轰鸣的机器、高耸的烟囱、规模化生产，曾是产业革命的象征。因为它，工业、农业、运输业，乃至整个经济社会，可谓日新月异，显现出勃勃生机。英国的产业革命，始于 18 世纪 70 年代，比起西方其他国家，至少早了半个世纪。一个弹丸之国，为何在产业革命的进程中，能一马当先、独领风骚呢？这还得从 300 年前“圈地运动”说起。

英国的“圈地运动”，历来千夫所指，被人文主义者喻为“羊吃人”。但从纯经济学的角度看，它实属必然。16 世纪，世界贸易的帷幕，已经徐徐拉开。在当时的国际市场上，羊毛制品大受消费者欢迎。而毛纺织业，恰好是英国的主打工业，故而在出口上很占优势。可是，作为原料的羊毛，由于需求量大增，供给不足，价格猛涨，一时间，羊毛在世人眼里，贵若黄金，炙手可热。精明的农场主发现，同一片土地，假如用来养羊，会比种植业成本更低、赚头更大。于是，为扩大牧场，他们贪婪地圈占公地、焚毁村庄，使用暴力驱赶份地上的农民。为养羊，大量的农民被迫流离失所、背井离乡。这就是历史上第一次“圈地运动”。可是，到了 18 世纪，羊毛的供应趋于饱和，而随着人口的增长，粮食需求急剧上升，尤其是在拿破仑战争期间，进口粮食的管道被封锁，供应更显紧张。于是，为了扩大耕地，又发生了第二次“圈地运动”。

“圈地运动”，就本质而言，是一场土地私有制的初始界定，它为城市工业的发展，加油添料，提供了劳动力和物质准备。农民失去了土地，那些原本“自给自足”的自耕农，像一颗颗石子，在历史的长河中，悄悄地沉淀了。在农村，人们无以为生，自然就涌向城市，成为工业的后备军。经过两次“圈地运动”，农村的自然经济已不复存在，土地贵族大发横财，积累了大量的资本，他们不再亲自经营土地，而是转租出去，坐收地租；农业资本家仿效工业的管理方式，雇佣“农业工人”，采用先进技术，并一改分散经营的传统，实行机械化作业。这一改变，结果使种植业、畜牧业飞速发展，产量大增，城市所需的粮食、工业所需的原料，也因此有了足够的保证。

对宗主国来说，殖民地永远是廉价的原料产地和广阔的销售市场。所以，英国绅士虽然保守稳进、温文尔雅，但是，发财致富的欲望，使他们四处点火，频频发动殖民战争。“日不落帝国”的旗帜，插到了各大洲。英国在殖民地进行贸易往来，获得了不菲的收入。当时，有一条致富捷径——“三角贸易”：从英国带些工业品，到非洲西海岸交换奴隶，运往北美，再将当地货运回英国。每次往返，可做三次交易，利润惊人。如17世纪时，在非洲，每个黑奴的离岸价是25英镑，而在美洲，每个黑奴可售150英镑，利润率高达500%。除了贸易往来，英国还通过战争、签订不平等条约、殖民统治等手段，直接掠夺殖民地的财富。无怪乎，那些频繁往返于殖民地的英国人，回国之后，一个个都富甲一方。商人们的发财梦，在殖民地大都“梦想成真”！

英国人素有节俭的传统，他们从殖民地赚足了钱，并没有像法国人那样，奢侈浪费，大肆挥霍。他们把资本积累起来，用于投资，兴办各类产业，这种品行，曾被拿破仑戏称为“店主人”。其实，“圈地运动”和殖民掠夺，不仅使英国人积累了资金，而且也为其提供了无限的商机。落后的殖民地，对英国的工业品趋之若鹜，需求量极大。工业品奇货可居，利润丰厚。于是英国工厂纷纷加大马力，不断扩张规模。这样一来，原有的产业工人，相对于日益增长的投资需求，就显得不足。要生产更多的产品，赚取更多的利润，资本家不得不考虑，如何用机器去代替人手。于是，一场改进技术、改良机器的创新浪潮，在英伦大地悄然兴起。

技术革新，是产业革命的火车头。伴随着工业技术的不断改进，社会生产力以前所未有的速度，大踏步地向前迈进。在当时的英国，纺织部门是技术创新的排头兵。1733 年，约翰 · 凯发明了“飞梭”，使织布速度加快，布面加宽。织布技术提高了，纺纱相对不足，出现了纱荒现象，为此，1751 年，皇家学会悬赏征求“能同时纺 6 根棉纱的机器”。1764 年，哈格里夫斯发明了“珍妮纺纱机”，能同时纺 8 根棉纱；1768 年，阿克赖特以瀑布为动力，发明了水力纺机；1779 年，克隆普顿发明了走锭精纺机，进一步加快了纺纱的速度……1782 年，瓦特在单动式蒸汽机的基础上，又制成复动式蒸汽机。它的出现，使机器从根本上代替了人力，人类社会由此进入一个“蒸汽机的时代”。蒸汽机以煤为燃料，制造它需要铁，于是，在重工业中，也发生了技术革新，采煤业、炼铁业的效率大大地提高了。

如果把整个经济活动比作躯体，那么，交通运输就是那躯体的“动脉”。动脉通畅了，躯体才能伸展自如。同样，原料的运进，产品的输出，都离不开车船与道路。在商品传输途中，倘有闪失，经济的“链条”就会脱节，旷日延时不仅会给商家增加成本，弄不好还会血本无归。为了解决这一问题，1760—1830 年，英国大兴土木，到处架桥铺路，开凿运河。产业革命前，从伦敦到爱丁堡需 10 天，产业革命后，只需 2 天。水运的费用，比陆运更低，从利物浦运煤到伯明翰，运费只相当于陆运的 1/4。道路顺畅了，反过来对交通工具提出了新的要求。蒸汽机车的出现，使车速提高了 3 倍，不久，铁路以其方便快捷的优势，渐渐取代了水运、陆运，成了运输业的“龙头老大”。

19 世纪 30 年代，英国的锻压设备已一应俱全，加工机床也已出现，人们已经可以用机器去制造机器，这标志着历时数十年的产业革命，已大功告成。此后，英国经济一日千里，社会发展开始起飞。受英国产业革命的带动，欧洲大陆、北美等一些国家，也相继进行了产业革命，人类文明从此“焕然一新”。

# 伦敦成为世界金融中心

> 伦敦通讯便捷、金融机构众多、员工经验丰富；政府“诚邀天下客”，敞开大门，欢迎各路财神一起竞争；它的金融机构，深得世人信赖。国际上的金融机构，以能在伦敦有一席之地而引以为豪。到 19 世纪初，伦敦已经成为世界的钱庄。

近代金融业发源于意大利，16 世纪上半期，金融中心移至荷兰，相对而言，英国的金融业，可谓姗姗来迟，但它却能后来居上，到 19 世纪初，伦敦已经成为世界的钱庄。

很早以前，谦和的英国人为自身的发展，创造了良好的政治氛围。17 世纪下半叶，荷兰为摆脱外部的殖民统治、解决内部纷争，忙得焦头烂额，经济发展被一拖再拖；法国的封建制度，当时还根深蒂固，150 年后，资产阶级革命才刚刚起步；美利坚合众国，也尚未独立。而在英国，1688 年，为反对王权复辟，实现君主立宪制，新兴的资产阶级，发动了资产阶级革命（史称“光荣革命”）。此后，在英伦大地上，政局稳定，社会安宁。“家和万事兴”，各行各业，都在祥和的环境里蓬勃发展。

经济的繁荣，金融的发展，可谓相辅相成、相得益彰。经过两次圈地运动，地主发了横财；海外贸易，让商人们腰包涨满；殖民地掠夺，使英国多了不少黄金白银。富起来的人们，希望有一些机构，能帮他们理财、让货币增值；同时，面对广阔的市场、丰厚的利润、无限的商机，没加入的，跃跃欲试，已加入的，想扩大规模，但自身资金有限，迫切需要融资。钱多的要有去处，缺钱的要有来路，还想减少“来来往往”的风险，于是，金融市场水到渠成、呼之欲出。银行业、保险业、证券业，有如八仙过海，各显神通。

英格兰银行，曾是各国中央银行效仿的典范。商人裴德森（William Paterson）经营对外贸易，赚了不少钱，用实际行动，拥护英国的“光荣革命”，很得权势，1694 年，他在伦敦区针线街，成立了一家股份制私人银行——英格兰银行。成立之初，该行就将其 120 万英镑的资本，全借给政府，政府也没亏待它，给了它很多优惠政策，特许它发行与之等额的货币。英格兰银行也很“争气”：实力雄厚，很讲信誉，深得人们信赖。当时，在民间流行一句话：“像英格兰银行一样可靠。”15 年后，它再次为国家提供贷款。由于它对政府的大力支持，特许权被一而再、再而三地延期，最后延成了无限期。由于资金流量的增加，20 年间它的利率下降了近一半，该行亦受到了全球资本的垂青。波澜壮阔的金融史，也由此开始了。

英格兰银行的“杰出”表现，使它在银行界脱颖而出，成了“银行的银行”。它执行中央银行的职能：发行货币、代理国库、调节金融市场。当一般银行现金周转不灵时，可到英格兰银行办理再贴现业务，以解燃眉之急；此外，该行资金充裕，通过买卖有价证券，能控制货币的流通量，稳定金融市场。原先，许多银行都能发行银行券，在市场上流通，这使纸币泛滥、日益贬值。1825 年和 1836 年，发生了两次经济危机，许多银行纷纷倒闭。针对这种情况，1844 年，首相皮尔颁布了《银行规章法》，结束了 279 家银行发行银行券的局面。此法使英格兰银行基本垄断了货币的发行权，进一步明确了该行的领导地位。“真金不怕火炼”，在优胜劣汰的法则下，密得兰银行、劳合茨银行、巴克莱斯银行、威斯敏斯特银行、国民地方银行，经受住了考验，成了银行业的主力军。英国银行业，就如一个大家族，有“家长”，有“家规”，“五兄弟”各挡一面，银行体系逐步健全。

早期的经营活动，风险很大，保险业应运而生。最早的险种，是海上险，面对险象环生的大海，人类力量微弱，海外贸易虽然利润极高，可风险也大，一不小心，就可能葬身海底、血本无归。若风险由多人承担，会减少当事人的损失。基于这种想法，1688年，英国船商们成立了“劳埃德商船协会”，探讨海上保险事宜。随后，保险公司如雨后春笋般地在英国出现了。它们收取保费、赔付损失，货币流动量很大，于是，它们的经营范围也扩大了：购买公债、股票、房地产，办理抵押贷款。在资本市场上，保险业可谓一枝独秀。

英国的股票、公债等，在交易所交易，但这个市场的成长，并不顺利。1566 年，金融家格雷欣（Tomas Gresham）就创立了伦敦皇家交易所，但是，当时的市场并不成熟。有一些人，带着“天上会掉馅饼”的美梦，走进交易所，有很大的盲目性，易受投机者的操纵。1711 年，哈利（Robert Harley）开设了一家“南海公司”，允许人们凭政府债券，来认购公司的股票，理所当然，该公司成了政府的“债主”，由此，它得到了在南美洲贸易的垄断权，优惠的政策、投机者的炒作，使它的股票暴涨。1720 年，短短 7 个月，股票涨了约 8 倍！但是，该公司能力有限，业务受挫，经营惨淡，当真相大白于天下时，股票暴跌。投机商们骗得了巨款，拍屁股走人；许多交易者，倾家荡产；与此事有染的高官大臣，一个个身败名裂。这就是著名的“南海泡沫”事件。那时，证券市场阴云不散，人们对它恐慌不已，为规范证券市场，英国旋即通过了《泡沫法》，使设立股份公司从此有法可依。

货币是金融市场的“血液”。躯体内，若有不同型号的血液，就可能“互斥”。英国曾一度实行金银复本位制，黄金和白银，都是流通的媒介，币种间的比价由政府确定，但在市场上，受多种因素影响，实际比价与官方比价，常常步调不一。更值钱的金属，被熔化运出；不值钱的，留下来流通，“劣币驱逐良币”，自然是英国所不愿看到的。1816 年，英政府制定法规，实行金本位制，规定金币为本币，银币为辅币，此举使交易更为顺畅。

金融是贸易的伴生物。19 世纪 30 年代，英国完成了产业革命，商品极其丰富；水路、陆路四通八达，国内外贸易，熙熙攘攘、热闹非凡。私人投资的浪潮，一浪高过一浪。国际上，英国总是顺差国；殖民地的黄金，源源不断地流进来，黄金储备异常充足，保证了纸币与金币的随意兑换。首都伦敦，通讯便捷、金融机构众多、员工经验丰富；政府敞开大门，“诚邀天下客”，欢迎各路财神一起竞争；它的金融机构，深得世人信赖。无论哪家金融机构，都以在伦敦有一席之地而引以为豪。19世纪，伦敦不仅是英国的金融中心，也是世界的金融中心。

## 撒切尔的“货币主义试验”

为控制通胀，撒切尔一举削减了 10 亿英镑的国债，将银行的准备金率，提高到 10%，把最低贷款利率，提高到 17%。紧缩的货币政策，使经济增长几近谷底，失业更为严重。然而，当英国走过这个“拐点”，便柳暗花明，经济开始回升。撒切尔有惊无险，闯过了难关。

20 世纪 70 年代，英国社会危机四伏：物价飞涨、生产停滞、失业率居高不下。工党政府面对困境，虽是忧心如焚，但也无力回天。1979 年，54 岁的撒切尔临危受命，出任英国首相，她高举自由经济的旗帜，大刀阔斧地改革政府管制，并亲自主持了英国的“货币主义试验”。

“二战”后的一个时期，英国奉行凯恩斯主义，用财政政策和货币政策，对经济加以干预。推行凯恩斯主义的结果，一方面，为英国创造了短暂的繁荣，1951—1964年，英国经济一度出现过“两低一高”（失业率低、通胀率低、国民收入增长率较高）；但另一方面，从长期看，凯恩斯主义也给英国带来了灾难。政府开支过大，财政入不敷出，于是企业税收不堪重负，银根被迫一松再松。所引起的连锁反应是：生产停滞，失业反弹，物价飙升，通胀一发不可收拾。到70年代末，高通胀与高失业，像一头双面兽，各执一方，却不知何往，英国的未来，处在一片茫然之中。执政的工党，对此无计可施，不断遭到世人指责；而保守党面对这种局面，也不敢轻举妄动。此时，撒切尔站了出来，她大声疾呼：英国应回归亚当·斯密的传统，还经济以充分的自由，切实保障人们工作的权利，花钱的权利，拥有财产的权利。总之，要使政府成为经济的仆人，而不是主人。

撒切尔新官上任，便是三把火。第一把火，就是借用货币主义的政策，抑制通货膨胀。上任当年，为控制货币流通量，她手起刀落，一举削减了10亿英镑的国债，将银行的准备金率，提高到10%，把最低贷款利率，提高到17%。紧缩的货币政策，一时间使经济更加低迷、失业更为严重，这种“置之死地而后生”的做法，当时人们很不理解，1981年3月30日，英国364名经济学家，在《泰晤士报》联合发表公开信，对此政策加以抨击。但是，撒切尔并没有妥协，因为这一结果，本在她预料之中。她仍是信心百倍，一如既往地加以贯彻。年底，经济增长几近谷底，失业人数达250万，然而当经济走过这个“拐点”，便柳暗花明，生产渐渐复苏，物价开始回落。事实证明，她的做法，看似一招险棋，但最终有惊无险，闯过了难关。

随后，撒切尔就采用温和的、渐进的方式，来达到她的目标。1984 年，她按最狭义的货币 M0 来控制货币发行，这样不仅操作灵活，而且效果立竿见影。紧缩性的货币政策，立马使金融形势由阴转晴。1985 年 11 月起，为促使经济繁荣，政策渐渐放松；调控重心，也从原来的货币供应转向了汇率。一方面，将英镑和坚挺的德国马克挂钩；另一方面，大量吃进外汇，通过降低利率、阻止外资涌入，以降低汇率。而低汇率与低利率，又拉动了投资；到 80 年代末，通货膨胀率降到 4.9%，经济大步攀升，撒切尔的货币主义试验，至此大获全胜。

撒切尔的第二把火，指向财政政策。英国是一个“福利国家”，福利支出，占财政支出的 60% 左右。“从摇篮到坟墓”的福利体系，就像一张温床，人们躺在上面吃补贴，不愿劳动、不思进取，而国家财政捉襟见肘，债台高筑。为减轻财政负担，撒切尔决意压缩财政开支。于是，她一方面精简机构，为政府消肿；同时也调减工业补贴、削减福利支出，因此她被人戏称为“夺去牛奶的撒切尔夫人”。据说她的母校——牛津大学，也因不满她削减教育经费、减少教师工资，而拒绝授予她荣誉博士学位。

税制改革，是撒切尔的第三把火。过去，为应付庞大的财政开支，英国的税率高，税负重，它抑制投资，影响人们的工作积极性，致使很多人才外流。撒切尔上台后，在财政方面，实行“开源”与“节流”并举，挥动“减”字大旗，风风火火地将税负减下来：在任期间，将个人所得税的基础税率，从 33% 减到 25%，最高税率由 82% 减至 40%，公司税由 52% 减至 35%……此外，她也提高了一些间接税：增值税、高档消费品的附加税。此举，使国家的税收减少不多，而富人愿加大投资，穷人想拼命干活，英国的人才，不再因惧怕高额税负而移居他国。

撒切尔有一个“杀手锏”，就是“私有化”。当时，许多国有企业，政府干预较多，缺乏活力、成本高、效率低，企业亏损严重，是国家的一大包袱。为此，政府决定，出售国有资产，来增加财政收入，减轻负担；同时，广大民众购买企业股票，激活了投资需求，繁荣了市场。1979—1989 年的 10 年间，40% 的国有企业出售给了私人，到 1990 年 11 月，撒切尔夫人卸职时，只有铁路公司、煤炭公司、皇家邮政三个部门，没有实现私有化。

改革劳资关系、削弱工会权力，是撒切尔夫人的另一高招。在英国，工会的势力很大，劳动力市场，几乎被工会垄断，不受市场调节。为提高工资，工人时常罢工，致使工资上涨、生产成本增加、物价上扬；通货膨胀加剧，而实际工资变少，又引起新一轮的罢工浪潮，如此反复，形成恶性循环。本国生产成本高、利润低，资本就外流，出口产品竞争力也随之下降，为此，本国经济受害匪浅。历届政府，想在这个循环中，找到一个突破口，却无能为力。但撒切尔却无所畏惧，制定了《就业法》《工会法》，对工会的职权、罢工运动，进行了严格的限制。此外，她还动用财力，与工会进行较量。1984 年，力量雄厚的煤炭工会，开始罢工，政府以补贴的形式，与之抗衡，罢工持续了 362 天，最终以无条件复工，草草收场。工会力量，被大大地削弱；政府威严，得以维护；劳动力市场，开始正常运行；工资推动通货膨胀的现象，基本得到遏止。

撒切尔的各项措施，像一支舰队，虽然阻力重重，但由于有她的领航，还是乘风破浪、一往无前。到了 1988 年，英国经济形势一片大好：通货膨胀率下降、就业增加、人均收入提高、财政出现盈余、出口增加，人均实际产量增长率，超过美国、德国和法国，而英国的国际地位，也开始回升。用撒切尔的话说，这是“经济奇迹”，反对党人士也不得不承认：“这个国家虽然还存在很多弊端，但是，任何一位不持偏见者，都会为这种深刻的变化感到震惊。”

## 挡不住的私有化浪潮

> 70年代初，首相爱德华·希思曾倡导私有化，但因多方抵制，终未如愿。1979年“铁娘子”撒切尔上台后，分析形势，权衡利弊，决意推行私有化。20世纪80年代，英国经济增长能位居欧美国家前列，应该说私有化运动功不可没。

20世纪40年代，英国曾一度推行国有化。然而三十年河东，三十年河西。40年后，国有企业却纷纷改换门庭，争先恐后地姓起了“私”。政府将国企这个烫手的山芋，拱手出让，虽有几分无奈，但却不失为一着好棋。

第二次世界大战，英国是作为战胜国离开战场的，但胜利者的背后，通常也有惨重的代价。经不起希特勒飞机大炮的轰炸，许多工厂、桥梁、道路，化为灰烬。基础设施被毁，经济恢复没有支撑。重建基础设施，不仅耗资巨大，而且回收期长，私人资本势单力薄，不敢冒此风险。为尽快抚平战争创伤，让经济重整旗鼓，1945 年 7 月，由政府出面，兴起了第一次国有化高潮。英格兰银行、约 1500 个煤矿、煤气厂、70 多家钢铁厂、供电、铁路等部门，统统归入“国”字号旗下。1974 年起，出现了第二次国有化高潮：国家企业局、国家石油公司开张营业；4 家大飞机公司被收购，成为英国宇航公司；处于困境的造船厂联合组建英国造船公司。国企对政府唯命是从，百依百顺：降低销售价格，让消费者受益；扩大就业，维持社会稳定；冻结工资，抑制通货膨胀；战争期间，执行特殊的经济政策等等。诸多指令，它们从无二话，政府的措施立竿见影。

但世上的事，有一利必有一弊：国企虽为战后经济重建立下了汗马功劳，但“大锅饭”的国企体制，也为日后的发展留下了隐患。由于人们捧着铁饭碗，干好干坏也无关痛痒，不久，一些国企便开始报亏。产钢大户——英国国营钢铁公司，1979—1980 年中，半年亏损 1.45 亿英镑，平均每天约有 100 万英镑打了水漂。生产成本高、资本回报率低、劳动生产率低（与私有企业相比，它们的平均劳动生产率低 40%），成了国企的通病。它们的产品高成本、高价格，毫无竞争优势，在国内外市场上，销售不畅，亏损也就在所难免。尝到甜头的政府，也吃到了苦头。众多的国企亏损，使财政赤字大增，靠发行货币“填洞”，又加剧了通货膨胀，这绕不开的怪圈，成了执政者的一块心病。

70 年代初，首相爱德华·希思曾倡导私有化，但因多方抵制，终未如愿。1979 年“铁娘子”撒切尔夫人上台后，分析形势、权衡利弊，决意推行私有化。英国石油公司，由于亏损较大，又急需资金，于是首当其冲，1979—1980年，出售了一部分国有股，收益2.76亿英镑，解了燃眉之急。随后，出售宇航公司51.6%的股份、英国联合港口公司51.5%的股份，国际航空无线电公司，被整体出售。但是，由于私有化后有些企业的大局观念淡化了，开始变得唯利是图，对此人们顿觉不适，政府也感到茫然，私有化因此遭到非议，舆论也不看好。在这场争论中，保守党的声誉日下，私有化的步伐，一度变得谨慎起来。

1984年，英国工业部决定出售电讯公司，售价约为20亿—40亿英镑，但凭过去的经验，人们估计股市的筹资额，最多不过4亿英镑，理性的英国人，将此当作一个天大的笑话。可谁笑到最后，谁笑得最好。事实让人大跌眼镜：三年共筹资36.85亿英镑，同时，公司提供的通话种类多了，话费也降下来了。这些看得见、摸得着的实惠，让消费者动了心，私有化运动峰回路转，终于得到了全民的支持，规模不断扩大。

政府放长线、钓大鱼，只要能实行私有化，提高企业效率，提高公众福利，国有资产，可以半卖半送，眼前可能亏一点，但是，放水养鱼，若干年后，企业的利润多了，税收自然少不了，政府忍一时之痛，可获长远之利；企业机制改了，实力不断壮大，政府这边自是水涨船高，少不了实惠。这种互利互惠的事，英政府决不愿“见好就收”。1986年，居于垄断地位的英国煤气公司，被全部售出。两年后，英国钢铁公司变为私有。此刻，撒切尔明确表示，私有化“无禁区”，不仅罗弗汽车公司、英国煤矿公司将实行私有化，并且，全国供电局、全国水务局等“自然垄断”部门，也不例外。国企私有化，在英国遍地开花。

私有化运动，谁先谁后，如何施行？没有规矩，不成方圆，英国人可不马虎，自有一套看家功夫。赢利企业，优先售出，既好卖，又可讨个好价钱；亏损的，先转换机制、减员增效、减少亏损，再售不迟。出售前，政府组织一个专家顾问小组，评估资产、制定可行性报告、决定售出的股数及价格。出售后，对竞争性强的行业，政府几乎不管，而对垄断性强的行业，则严格把关，主管部门按《反垄断法》《公平贸易法》行事，对企业依法进行监督和管理。

国企私有化后，资本的天性会驱使企业唯利是图，那么如何防止它为富不仁？特别是那些垄断性企业，如不严加管束，就很容易居高自傲。如英国电信公司，私有化之初，凭借其垄断地位，将架电话线的收费提高了2—3倍，而且故障频频，维修又不及时；公用电话亭受损，公司不闻不问，给用户带来了很多不便。对此，政府没有坐视不管。一方面，政府支持一批地区性、专业性通讯公司，参与竞争，打破垄断，以改善服务质量；另一方面，采取最高限价政策，促使企业加强管理、降低成本。如此一来，使英国通讯公司的价格下降27%，天然气公司的价格下降13%。企业有了压力，老百姓也得了实惠。

企业改姓“私”后，效益大增，亏损的，扭亏为盈；赢利的，利润更丰。英国钢铁公司，1978—1979年度，亏损18亿英镑，到1985年，公司开始走出困境，两年后，就有了可观的盈利。现在，英国钢铁公司的产量，居世界第四，欧洲第二，同时也是世界上成本最低、竞争力最强的钢铁公司之一。英国电信公司，私有化之前，连年亏损；私有化后，摇身一变，面貌焕然一新，劳动生产率大幅提高，政府每年不仅有 10 亿英镑的税收进账，而且分得 500 万英镑的红利。20 世纪 80 年代，英国经济增长能位居欧美国家前列，应该说私有化运动功不可没。

## 福利制度骑虎难下

1948 年，英国基本实现“福利国家”，世界各国在建立本国的福利体系时，纷纷到英国去取经，以为他山之石可以攻玉，但是对英国而言，庞大的福利体系就如鸡肋，弃之不能，食之太累，真是骑虎难下、苦不堪言。

从摇篮到坟墓的福利体系，的确让英国人引以为豪过：幼儿茁壮成长，老年人颐养天年。但是，它就像是一把双刃剑，过多过滥的社会福利，给经济增加了太重的负荷。20 世纪初，英国在世界上依然首屈一指，享有“世界工厂”的美誉，可不过 100 年后，它的地位却江河日下，在欧洲，充其量只能算个二流国家。英国为何由盛而衰，说起来原因很多，但它的社会福利制度，实在是难辞其咎。

英国的福利制度，本是社会矛盾调和的产物。每一次社会变革，受害的往往是最底层的工人、农民，为缓和矛盾，福利制度应运而生。持续 300 多年的“圈地运动”，让农民无以立锥、家破人亡，对当局满怀仇恨，成了“麻烦制造者”。对此，英政府软硬兼施，一手用高压政策、严厉打击，另一手安抚驯服，1601 年颁布《济贫法》（*Poor Law*），在全国各地设立济贫院，收容救济老人、孤儿、残疾人。18 世纪开始了工业革命，劳动生产率突飞猛进，资本家大发其财，而许多工人却被抛向街头，跌进了贫困的深渊。人被逼急了，随时都可能揭竿而起，那样统治阶级便不得安宁。于是为平民怨，政府不得不网开一面、大力推行福利主义。比如为儿童免费体检和治病，学生可享有免费的牛奶，工伤受赔偿，失业领救济等。还有 70 岁以上的老人，只要在英国居住满 12 年，可拿养老金。

第二次世界大战期间，25 万将士战死沙场，16 万平民血溅英伦，1/3 的住房被毁，举目四望，一片疮痍，大量的寡妇、孤儿、伤员、老人流浪街头。1941 年 6 月，丘吉尔政府成立了社会保险和福利委员会，任命著名经济学家贝弗里奇为主席，1942 年 12 月，该委员会提出了“社会保险和有关福利问题报告书”（也称贝弗里奇报告），该报告指出，当前的福利制度门槛高、数额低、管理混乱，建议建立统一的社会保障制度，增加福利支出、扩大保障范围，使人人能免于贫困、疾病、愚昧、污染和失业的困扰。

报告所勾勒出的蓝图，激起了人们心中的无限向往，英政府以此为模板，逐步完善，使福利体系包罗万象、面面俱到：任何一个英国人，都有一个社会保障号，记载了一些相关信息，符合条件时，就可拿到相应的保障金。婴儿呱呱落地，就有一笔儿童福利金在等着他，一直可以领到16岁（若16岁后仍在校读书，则可领到19岁）；上学后，可拿教育津贴；残疾人，有残疾人补助；除几项特殊的医疗服务外，看病几乎不用掏钱；因公受伤，可拿工伤补助；年纪大了，有养老金，超过80岁的，还可拿高龄补助；失业也不要紧，一年内，每周有30英镑左右的失业津贴，一年后，若还没找到工作，可领取社会救济；另外，还有生育补助、住房补助、困难补助，总之，各种形形色色的补助，可以伴随一生。

1948年，英国基本实现“福利国家”，世界各国在建立本国的福利体系时，纷纷到英国去取经，以为他山之石可以攻玉，但是对英国而言，庞大的福利体系就如鸡肋，弃之不能，食之太累，真是骑虎难下、苦不堪言。

繁多的福利项目，是财政的一大负担。1949—1950年，福利支出达到103亿英镑，1992—1993年，该项支出达741亿英镑，不仅数额巨大，而且其增长速度快于GNP。六七十年代，物价上扬，生活必需品涨得比奢侈品还多，对领取救济的穷人来说，非常不利，福利支出也就水涨船高，财政赤字像滚雪球般地增大，政府只得通过发行大量债券来应急，不断地发新债还旧债，这又使国家负债累累。历届政府虽然都意识到这个问题，不过，由俭入奢易，由奢入俭难，国民一旦拥有某种权利，稍微的削减，就会怨声鼎沸，为了选票，他们不敢贸然行事，细枝末节的修改，收效甚微。相对于庞大的福利支出，政府就如一头“老牛”，拉拉破车还行，若要它拉上10吨、8吨的，就气喘吁吁、力所不能及。

害怕面临生存危机，不想挨饿的本能，使人们努力工作，但在英国，这种动力却不存在。社会福利，就像一张温床，一些人宁愿躺在上面吃补贴，也不愿劳动、不思进取。英国《经济学家》杂志曾报道：失业者的日子并不好过，但是，相对于有工作、最穷的邻居，他们的收入更高，而且不用交税。社会保障得多了，人就变“懒”了，只要工资不高，他们就不干。于是高工资推动成本上升，产品缺少竞争力。希思政府上台后，曾下定决心要杜绝此类现象，可工人有了福利的靠山，罢工示威连绵不断，企业却耗不起。政府屡战屡败，最终只能作出让步和妥协。

高福利，需要高税收的支持，但是税收过高，资本、人才都会留不住。20 世纪，英国最叫座的电影明星凯恩，放弃了辛辛苦苦打下的“天下”，移居到美国加利福尼亚，世人对此有种种猜测，他自己是这样说的：我热爱英国，但要等到税收政策改变后才会回去。高额的税负，就这样“赶走”了英国的人才：惊险小说家福赛思迁居爱尔兰，著名的写生画家萨瑟兰定居法国，足球明星基根改换西德国籍。企业日子也不好过，以 1976 年的加工业为例，本国的税后利润为 8.5%，比西欧、北美低 7 个百分点。收入均等化政策，让英国人饿不死，也赚不了大钱，想赚大钱的，唯有另择国门。

庞杂的福利制度，需要大量的人力物力。在英国，社会保障部含总部和六个专门机构：津贴管理局、保费缴纳管理局、儿童福利管理局、信息技术局、安置救济局、战争抚恤金管理局；参与这项工作的人员约有100万，每年的管理费用就高达16亿英镑。然而，林子大了，什么鸟都有，时间一长，衙门习气、老爷作风就显露出来：态度傲慢、效率低下，老百姓对此愤愤不平，认为他们都是些不干好事白吃饭的主。

从第一部《济贫法》算起，英国的福利制度也有 400 多年历史了，其中的是非功过、苦辣酸甜，恐怕只有英国人自己最明白。不过，有一点可以肯定，倘若没有神助之力，英政府要将这种福利制度“硬撑”到底，难度将会越来越大，前面的路是吉是凶，一时还难以料定。

# 法国经济

▲

自由贸易为法兰西奠基

“金本位同盟”分崩离析

国有企业独当一面

农业现代化之路

国土整治促进均衡发展

失业阴影挥之难去

## 自由贸易为法兰西奠基

由贸易封锁转为自由贸易，法国不仅自己从中受益，还给欧洲经济带来了深刻变化。西欧各国纷纷拆除关税壁垒，从敌对走向合作，实现了贸易政策划时代的转变。依据自由贸易精神，进行平等谈判，成为实现国与国贸易关系正常化的主要方式。

中国古代有一个“合纵连横”的典故：战国后期，秦国实力日增，其他国家为保住江山，歃血为盟，联合抗秦，这就是所谓“合纵”。秦国则采取“连横”战略，与远方大国暂结友好条约，先进攻邻近小国，待时机成熟再向大国下手。古今中外，类似“合纵连横”的谋略很多。19 世纪，法兰西帝国两位皇帝，为称霸欧洲，采取了不同的军事战略，并辅之以相应的贸易政策。后者虽没有刀光剑影，血流成河，却对法国乃至欧洲经济发展，产生了不小的影响。

1799 年 11 月 9 日，拿破仑·波拿巴靠武力夺取法国政权，随即四处出兵，试图征服整个欧洲。拿破仑的军队攻城略地，所向披靡，周边国家纷纷臣服。可英国却凭借强大的经济、军事实力，不甘示弱，对法兰西帝国虎视眈眈。卧榻之侧，岂容他人酣睡？降服不了英国，成了拿破仑大帝的心病。但他也明白，对付英国绝非易事。讲经济实力，人家工业革命领先 70 年，法兰西难以望其项背；若要动武，英吉利海峡是一道屏障，易守难攻。法国步兵虽神勇，但海军却远非英国对手。怎样才能完成霸业，一统欧洲？拿破仑不愧为一代枭雄，很快有了一套不战而胜的谋略。

拿破仑的战略计划，是建立欧洲大陆体系，对英国实行经济封锁。在军事上，对俄国等尚未屈服的国家择机出兵，把欧洲大陆纳入法国控制之下。同时，向法国的附属国、盟国施压，强迫它们断绝同英国的贸易往来。从 1806 年到 1810 年，法兰西皇帝连下敕令，对不列颠诸岛实行全面封锁：法国及其盟国船只，不得运载英国及其殖民地商品；任何国家的商船，只要在英国港口停留过，便不准在欧洲大陆口岸抛锚；在法国的势力范围内，不许经营英国货，否则不但商品全部没收，还要严加惩罚。法国还组建了 10 多万人的海关队伍，昼夜盘查，严防英国货物走私入境。拿破仑的贸易战可谓一箭双雕：英国工业发达，但粮食产量却不高。法国把贸易这条路堵死，就像掐住对方的脖子，时间一长，不怕对手不举手投降。而法国则可趁机推销自己的商品，缩小同英国工业的差距。贸易封锁政策最初确实奏效，法国企业主欢天喜地，钱包塞得鼓鼓囊囊，而英国却工业凋敝，失业人数增加。

由于粮食紧缺，城市里哄抢面包的事时有发生。但英国很快以牙还牙，采取了针锋相对的报复措施。英国宣布封锁欧洲大陆，派出军舰在海上巡逻，发现欧洲大陆国家的船只，一律捕获充公。于是，法国的情况也渐渐不妙，工厂原料告急，物价飞速上涨。

其实在此之前，贸易壁垒就已风行欧洲。英国工业革命一马当先，又有大量的殖民地提供原料，物美价廉的英国商品，很快占领了世界市场。其他国家工业化起步较晚，为了避免英国货的冲击，普遍提高关税，扶植、保护本国工业。拿破仑的大陆封锁政策，将贸易保护推上了顶峰。但这项政策却好似强买强卖，霸道得很。各盟国只能进口既蹩脚、又昂贵的法国货，而出口法国的商品，也卖不上好价钱。这还不算，由于英国的反封锁，切断了与海外的联系，土货不出，外货不入，就连以前引进的英国机器，换个零件都成了问题。眼看耗下去不是办法，许多国家便暗地里与英国做起了生意。法兰西帝国的贸易政策，由于不得人心，只是靠武力支撑，才勉强维持了几年。1812年冬，拿破仑兵败莫斯科，众盟国群起倒戈，对英国的封锁令，也就成了废纸一张。

拿破仑折戟俄罗斯之后40年，他的侄子路易·拿破仑·波拿巴重振家业，建立法兰西第二帝国。这位被史学家称为拿破仑三世的皇帝，同样怀有称霸欧洲的野心。但时过境迁，此时的法国，实力已大不如前。环顾四周，英国威风不减当年，俄国睥睨群雄，德意志联邦统一指日可待，它们都在觊觎霸主之位。常言道，识时务者为俊杰，拿破仑三世韬光养晦，推行了与叔父大相径庭的战略。联英伐俄、钳制德意志，待羽翼丰满，再与英国决一雌雄，这是新皇帝的军事计划；通过自由贸易，结好英国，恢复与周边国家的关系，在开放中发展自己，此乃拿破仑三世的经济规划。随着1853年法英联军兵犯俄国，拿破仑三世的贸易战略，也开始同步实施。讨伐俄国，是要报40年前一箭之仇，帝国上下一致赞成；但敞开国门，让英国货自由进入，却遭到了众多非议。大陆封锁政策破产后，法国一直实行高关税政策。对此，国内企业习以为常，觉得贸易保护必不可少，如果贸然与英国竞争，法国企业肯定得不到便宜。何况，欧洲多数国家不曾开放市场，法国当了出头鸟，它们不见得“跟风”，长此以往，法国工业恐怕会退居人后。因此，拿破仑三世的自由贸易主张，除了酿酒业和丝织业支持外，其他自认为没有优势的行业，全都竭力反对。

拿破仑三世主意已定，决意改革贸易保护陋习。他认为，英国之所以强盛，是由于它率先实行自由贸易，并且一以贯之。法国如果再画地为牢，关门朝天过日子，不但称霸欧洲遥不可期，作茧自缚最终还会使自己被动挨打。于是，不经议会同意，皇帝就下令降低纺织品、煤、铁的关税，并于1860年签订了英法商约。根据约定，英法互相提供最惠国待遇，对英国的机械、船舶、铁、纺织品等，法国征收的关税不超过30%，英国对法国的化学品、家具、陶瓷等全部免税，条约有效期10年。出乎法国工商界的意料，法英两国缔约不久，比利时、德意志关税同盟、意大利、瑞士、葡萄牙等国，便主动找上门来，与法国签订了互利商约。而随后几年法国经济的发展，更让当初的反对者始料不及。1857—1866年，法国进出口贸易额，均比上一个10年增长了一倍，与30年前相比，翻了两番还要多。

由贸易封锁转为自由贸易，法国不仅自己从中受益，还给欧洲经济带来了深刻变化。西欧各国纷纷拆除关税壁垒，从敌对走向合作，实现了贸易政策划时代的转变。依据自由贸易精神，进行平等谈判，成了实现国与国贸易关系正常化的主要方式。英法商约中的最惠国待遇条款，成为普遍适用的原则，它不仅使一个完整的贸易条约网，在欧洲迅速形成，而且在以后近一个半世纪中，极大地促进了国际多边贸易合作。

当然，拿破仑三世壮志未酬，在普法战争中，被“铁血宰相”打得一败涂地，最后在英国饮恨而亡。但他推行的自由贸易政策，开欧洲大陆风气之先，使法国经济突飞猛进，实力大增。怪不得时至今日，还有不少法国学者，尊他为“现代法兰西的奠基人”。

## “金本位同盟”分崩离析

> 在经济危机中，英、美等国纷纷宣布货币贬值，而以法国为首的“金本位同盟”却严防死守，坚持与之抗衡。由于法郎不贬值，法国政府的种种反危机措施，治标不治本，对付经济大萧条，往往顾此失彼、力不从心，结果给法国带来了不可估量的损失。

1929 年 10 月 24 日，纽约华尔街股市崩溃，美国经济陷入空前危机。城门失火，殃及池鱼。受美国经济大萧条的影响，欧洲国家经济普遍下滑。然而，此时的法国却仿佛世外桃源：机器轰鸣，粮食丰产，国库充盈，股市太平。就在美国股市暴跌没几天，法国政府提出“国民装备计划”，准备在 5 年内，建设一批大型公共工程。次年 4 月，又通过巨额财政预算，准备建立社会保险制度。不料，大网垂天，疏而不漏，在经济危机的狂潮中，法国最终未能幸免，并且，由于当局在法郎贬值上固守陈规，一错再错，使得经济状况越来越糟，当其他难兄难弟脱离苦海时，法国仍在困境中苦苦挣扎。

经济危机之前的10年，是法国历史上的“黄金时代”。作为“一战”的胜利国，法国洗刷了40多年前普法战争的耻辱，从德国手中夺回阿尔萨斯和洛林，并获得了一大笔战争赔款。当时的普安卡雷政府，不仅经济重建搞得有条不紊，还采取了明智的货币政策。战前，西方各国实行的是金本位制，货币与等量黄金挂钩。战争使这一制度中断了近5年。战后，当各国忙于重建金本位制时，法国不仅成心拖后，还故意把法郎价值低估，这样在国际市场，法国商品便有了价格优势，贸易年年顺差，国库也日进斗金，到1928年，法国黄金储备仅次于美国，居世界第二位。但在经济危机中，英、美等国及时宣布货币贬值，而法国却严防死守，使法郎一路坚挺。

法国政府坚持法郎不贬值，更多的是出于政治上的考虑。法国经济农业比重大，绝大多数人口是农民。法国农民生活朴素，节俭成风。他们辛辛苦苦积攒几十年，最担心票子发毛，后半辈子没有着落。而国内又是多党林立，为了取悦于民，多拉选票，各党不论竞选还是执政，说话办事，都得顺着农民的心思。法国虽是西方大国一员，可论综合实力，排在美、英、德之后，总感觉腰不硬气不壮。战后好不容易打了经济翻身仗，眼下又逮住美英“背运”的机会，正好摆一摆谱，让他们领教法兰西的大国风度。所以，当1931年9月英镑贬值时，法国政界举杯相庆，认为法郎战胜英镑，足以表明法兰西国力强盛，更经得起大风大浪的考验。

法国政府很快发现，撑门面摆阔气，是要付出代价的。英、美等国采取货币贬值政策后，商品竞争力增强，在对外贸易中占据主动，缓解了国内经济困难。相比之下，法国商品价格上扬，出口额锐减。1931年，法国对外贸易出现逆差，外汇储备大量减少。贸易衰退，对工业的打击首当其冲。法国工业比1929年下降了近三成，1934年，丝织业生产只及战前的60%，棉织业生产下滑35%，毛织业生产降低了26%。1935年，法国钢产量下降一半，铁减产2/3。企业主赔掉了老本，40多万工人也丢了饭碗。农业情况更糟。1933年，法国小麦产量比正常消费量多产10亿公斤，仓库里新粮压陈粮，市场粮价一落千丈。1933年的粮食价格，比1926年下降了40%，农民入不敷出，苦不堪言。1929年法国农业收入448亿法郎，1934年只有170亿法郎，许多农民因无力偿还债务，只好变卖土地，1934—1935年，法国有40万农户破产。与此同时，银行也发生信用危机，挤兑现象严重，股市资金纷纷外逃，法国金融业岌岌可危。经济萧条使税收骤减，而失业救济支出剧增，一向宽裕的财政，现在也到了捉襟见肘、揭不开锅的境地。

尽管如此，法国政府还是认准一个理，不到万不得已，法郎绝不贬值。为了渡过危机，政府使出了浑身解数。既然法郎不贬值，那么减少贸易赤字，就不能指望扩大出口，而只能在限制进口上做文章。为此，法国首创进口商品配额制度，从1931年11月起，对货币贬值国家的商品，限制进口数量，并增加15%的贸易附加税，到 1936 年初，法国 65%的进口商品都有配额。对国内商品实行限价政策，强行降低原料、能源价格，以此减少成本，压低工业品价格，增强出口竞争力和国内购买力。对农产品则限制最低价，严禁黑市低价成交。同时，裁减政府雇员，降低退休金和各种补贴标准，将财政支出减少了 10%。为了缓解就业压力，政府采取措施，让已婚妇女退出劳动力市场，并降低男性职工的退休年龄。1932 年通过保护民族劳工的法律，限制外国劳工的比例，100 万外籍工人被迫离开法国。由于法郎不贬值，法国政府的种种反危机措施，治标不治本，对付经济大萧条，往往顾此失彼、力不从心。比如实行进口商品配额，虽能减少外贸支出，但别国的反限制措施，也将法国商品拒之门外；强行降低工业品价格，使厂家无利可图，企业只能停产歇业；财政拿不出钱补贴农业，农产品限价便成了纸上谈兵；赶走外籍劳工，不仅损害国家对外形象，日后再吸引外来人才难免要受影响。

后来发生了两件事，终于迫使法国政府改弦更张。1933 年 7 月，法国联合货币不贬值的国家，包括比利时、意大利、荷兰、瑞士和捷克斯洛伐克，建立起“金本位同盟”。但与美、英、德等 20 多个放弃金本位的国家相比，“金同盟”势单力薄，无法与之抗衡。这种逆潮流而动的举动，注定坚持不了多久。1935 年 11 月，法国最主要的伙伴——比利时实行货币贬值，“金同盟”随之分崩离析。法国经济恶化还引发了政权危机。1931—1936 年，内阁换了 13 届，财政部长调了 7 人，法西斯组织一时间活动频繁，企图浑水摸鱼，窃取国家权力。内忧和外患，促使法国有识之士猛醒。为了防止法国步德、意后尘，法国共产党与社会党、激进社会党联合，建立人民阵线，推选勃鲁姆任内阁总理。1936年9月26日，法国政府终于挂出免战牌，与英、美签订货币协定，宣布放弃金本位制，将法郎贬值29%。但勃鲁姆政府为取得工人支持，在法郎贬值的同时，又将工资水平提高7%—15%，实行带薪休假和40小时工作制，以为此举可以提高社会购买力，创造就业机会。然而事与愿违，货币贬值的效应，却被工资和物价上涨抵消了。勃鲁姆被迫下台，新总理旭当也未吸取前任教训，法郎虽再度贬值，收效仍不够明显。直到1938年11月，达拉第政府停止实行40小时工作制，法国经济才快速回暖，第二年春天便走出了萧条的阴影。

固守货币不贬值的老框框，给法国带来了不可估量的损失。经济长期衰退，政局动荡不安，严重削弱了法国的实力。面对积极备战的德国，法国当权者只能步步退却，采取息事宁人的绥靖政策，因为他们明白，如果战局一开，经济危机中大伤元气的法国，一定挡不住希特勒的铁骑。

# 国有企业独当一面

> 20 世纪的“国有化”运动，奠定了国有企业在法国经济中的地位。几十年来，法国政府不断改进国有企业经营管理，形成了独具特色的管理模式。80 年代中期以来，国有企业逐渐退出竞争性领域，提高了国有资产质量，增强了政府调控经济的能力。

1997 年秋，法国演艺界大腕纷纷亮相荧屏，为国有独资的电信公司大做售股广告。半个月内，便有 390 万人争购电信原始股，股票一上市便接连涨停，最多时一天成交 400 万股，法国电信一跃成为国内第一大上市公司。当然，吸引广大投资者的，不仅是明星广告，电信公司良好的业绩，以及政府持股将不低于 2/3 的允诺，才是电信股真正的卖点。在法国，即使“私有化”搞了 10 多年，但在公众心目中，国有企业的地位仍然举足轻重。与私营企业相比，许多国有企业效益并不逊色，加上有政府做后台，国企股票受到投资者青睐，也就在情理之中了。

法国的国有企业，最早可追溯到 17 世纪，国王路易十四为鼓励工商业发展，带头兴办了一批“皇家股份公司”。此后 200 多年里，政府推行过烟草专卖、邮政国营，“一战”期间，对军火、粮食、化工等企业，实行过管制。但国有企业真正形成气候，在国民经济中占据重要一席，则要归因于 20 世纪的“国有化”运动。首轮国有化浪潮兴起于 1936 年，当时法兰西内忧外患，风雨飘摇。为了摆脱经济危机，防御德国法西斯侵略，法国政府出台国有化法令，统一全国铁路网，建立国营铁路公司。把航空、海运、军火企业收归国有，确立了政府对法兰西银行的决策权。“二战”结束后，法国的基础设施大多毁于战火，物资匮乏，资金不足，国民经济濒于崩溃。戴高乐政府重倡国有化，举全国之力，恢复生产，振兴经济。国家包揽基础设施建设，兴办石油、核能、信息产业。为方便资金筹措，政府把四大商业银行和 34 家保险公司，全都划到自己名下。如果说前两次国有化，主要集中于交通、能源等基础部门，80 年代初的第三次国有化运动，则重点向竞争性行业倾斜。为了摆脱“石油危机”的影响，使法国经济走出“滞胀”阴影，总统密特朗提出要建立“法国式社会主义”。吸储 10 亿法郎以上的私人银行、员工超过 2000 人的工业企业，统统被收归国有。国家几乎垄断了中长期存贷款，在工业部门拥有 4300 家企业，占企业总数的一半；国企职工 240 万，占就业人口的 23%；国企产值在工业总产值中的比重达 21%。法国的国有经济总量，位居西方国家前列。

为把国企打造成抗击风浪的巨轮，在市场经济海洋里领航，几十年来，政府不断改进国有企业经营管理，形成了独具特色的管理模式。法国的国有企业大都组建成集团，中央政府只抓总公司，分公司由各集团自行管理。抓大放小，政府省心省力，管理效率也提高了。企业集团大致分为两类：垄断性企业和竞争性企业。前者由国家独资兴办，人事权、重大事项决策权，都掌握在政府手里，国家不但规定其产品和服务价格，同时也规定必须实现的社会目标。竞争性企业由国家控股，一般采取有限责任公司的形式。政府作为股东，负责为企业充实资本，但不为其提供债务担保。自 60 年代开始实行的“合同制”，是规范政府与企业关系的主要形式。政府和企业签订合同，明确双方责任，企业在保证实现合同目标的前提下，可以独立自主经营。在加强国有企业监督方面，政府也煞费苦心。早在 50 年代初，就建立了稽查特派员制度。国有企业的稽查特派员，不仅有重大事项签字权、会计资料审查权，还可以董事身份参加董事会，对公司一些重大决定能行使否决权。稽查特派员由经济财政部选派，他们多是资深官员，定期换岗，政府给的待遇又比较优厚，所以监督起来六亲不认，毫不手软。1976 年以来，还实行了国家审计院事后监督制。对国有企业的财务状况，审计院每隔四五年审查一次，发现问题，通过年度报告向国会陈述。在银行和保险业，也设立了监督委员会，负责对本行业进行监管。国有企业的监管机构，都对议会负责。议会两院各设 6 个专门委员会，一旦发现问题，便可随时成立调查组，对国有企业实施监控。

有了雄厚的国有经济作支撑，法国搞起了“计划市场经济”。在西方国家中，法国的宏观调控范围更广，程度更深，指导更有力。从 1947 年到 90 年代中期，政府先后实施了 11 个经济发展计划。国有企业当仁不让，做起了执行计划的“火车头”。在它的带动下，50—70 年代，法国经济增速一路领先，经济实力跃居世界第 4 位。1952—1972 年，国家投资仅占总投资的 30%，国民生产总值却增长了 3 倍。“国有化”还形成了规模优势，推动了技术进步和产业结构升级。汽车、航空、通讯、原子能等重要产业，都是国有企业唱主角，它们的规模和实力，在国际上都居领先地位。

国有企业船大能抗风浪，可是也难掉头。一些国有企业，由于投资主体单一，机制不活，员工队伍庞大，加上“非营利”任务太重，经营出现了困难，1993 年，国有企业亏损总额达 400 亿法郎。80 年代中期以来，法国政府加大国有企业改革力度，先后于 1986 年和 1993 年，掀起了两次“私有化”浪潮。

法国政府认为，国有企业的病根，主要是摊子铺得太大，在竞争性领域涉足过深，国有经济要恢复活力，必须从竞争性行业中退出。法国政府的“退”字诀，最突出的特点是退而有序。通过减持国有股，逐步实现投资主体多元化。雷诺汽车公司的改制就很有代表性。雷诺本是一家私营企业，因在第二次世界大战中为德国提供军用卡车，战后被强行收归国有。政府花了几十年心血，将其发展成法国最大的制造业集团。但进入 80 年代，企业连续多年亏损，到了 1993 年 7 月，政府不得不决定将其私有化。不过，私有化并不是卖净企业全部家当，政府持股仍占 53%，以后再根据情况逐年减持。为了避免股票过于分散，政府联合几家大企业、大银行，组成“稳定股东集团”，它们持有雷诺公司绝大多数股份，股票两年内不得出让，两年后也只能在几大股东中转手。其余的股票，则实行“职工持股制”和“公众持股制”，5%的股票留给职工，价格优惠20%；公众股占28%，全部小额出售，雷诺公司的小股民达到了百万以上。雷诺公司股票上市后，资产增加了20亿法郎，1996年营业额达1800亿法郎，在世界工业集团排行榜上名列第二。

国有企业退出竞争性领域，提高了国有资产质量，增强了政府调控经济的能力。1993—1994年，政府通过减持国有股，财政直接收入1000亿法郎，其中680亿法郎用于弥补预算赤字，其余的则用来发展新兴产业，特别在信息、航天等领域，加大了投资力度，在重要行业、尖端领域，国有企业将有一番新的作为。

## 农业现代化之路

> 受“小农经济”困扰，法国农业在一个半世纪里徘徊不前。“二战”以后，法国政府采取“以工养农”政策，加速土地集中，大力推广农业机械化、专业化和产业化，仅用了20多年，就走上了农业现代化之路。

据说1871年普法战争结束时，普鲁士首相俾斯麦问一名法军战俘，仗打完了想干什么？战俘的回答是：“赶紧回家种地去。”俾斯麦不禁慨叹：“拿破仑三世有这么好的子民，何苦还要发动战争！”的确，法国农民以吃苦耐劳著称于世，他们起早贪黑，不辞劳苦，精耕细作。可就是如此，法国的“吃饭”问题，却长期是一个老大难。直到“二战”前，还是农产品净进口国。战争结束后，政府采取优先发展农业的政策，仅用20多年时间，就实现了农业现代化。到1972年，法国已成为仅次于美国的农产品出口大国。

近代法国农业曾有过短暂的辉煌。大革命时期，政府于 1793 年颁布法令，把土地分成小块，卖给农民。地成了自家的，农民种田当然卖力，粮食产量也噌噌往上涨。可过了些日子，农业便徘徊不前。原因很简单，农村人口多，土地零碎，大农机使不上劲，新科技也施展不开。农民为了“温饱”，穿衣种棉，养牛耕田，喂猪过年，就这样，法国的小农经济，搞了 100 多年，人们日出而作，日落而息，生活境况并没有多大的改善。

法国搞农业现代化，最突出的矛盾，是人多地少。20 世纪 50 年代中期，政府出台一系列措施，推动“土地集中”，实现规模经营。为转移农村富余劳动力，政府实行了“减”的办法：年龄在 55 岁以上的农民，国家负责养起来，一次性发放“离农终身补贴”；鼓励农村年轻人离土离乡，到国营企业做工；其他青壮年劳力，政府出钱办班，先培训，再务农。与减少农业人口的做法相反，对农地经营规模，政府用的是“加”法：规定农场主的合法继承人只有一个，防止土地进一步分散；同时，推出税收优惠政策，鼓励父子农场、兄弟农场以土地入股，开展联合经营。各级政府还组建了土地整治公司，这是一种非营利组织，它们拥有土地优先购买权，把买进的插花地、低产田集中连片，整治成标准农场，然后再低价保本出售。此外，国家还给大农场提供低息贷款，对农民自发的土地合并减免税费，促使农场规模不断扩大。1955 年，法国 10 公顷以下的小农场有 127 万个，20 年后减少到 53 万个，50 公顷以上的大农场增加了 4 万多。农业劳动力占总人口的比例，50 年代初近 40%，到 90 年代末只有 2.2%，农民平均占有农地达到 10 公顷以上。

在着手农地整治的同时，农业机械化也紧锣密鼓地迅速推开。在法国政府的头三个国民经济计划中，“农业装备现代化”被摆上突出位置。战后初期，国内生产资金极度匮乏，法国政府抛掉“既无内债，又无外债”的理财观，大胆向国外借款，不惜欠下一身债，先把农业机械化搞上去。农民购买农机具，不仅享受价格补贴，还能得到 5 年以上低息贷款，金额占自筹资金的一半以上。农用内燃机和燃料全部免税，农业用电也远比工业便宜。为保证农机质量以及方便使用，政府颁发“特许权证”，指定专门企业，在各地建立销售、服务网点。不论哪个厂家、哪一年的产品，其零部件都能随处买到。农用机械价廉物美，售后服务有保证，自然受到农民的欢迎。1955—1970 年，各农场拖拉机占有量，从 3 万台增加到 170 万台，联合收割机从 4900 部增至 10 万部，其他现代化农用机械，也很快得到普及。法国只用了 15 年时间，就实现了农业机械化。

传统的小农经济，一大特点是小而全，自给自足。人们务农，先要满足自家几口人的吃穿。本来只有二亩三分地，既得种粮，又想种菜，还得围栏垒圈，喂猪养牛。零七八碎的农活太多，结果什么也做不好。在政策的推动下，农场的规模扩大了，机械化提高了，政府又不失时机，做起了“专业化”文章。根据自然条件、历史习惯和技术水平，对农业分布进行统一规划，合理布局。全国分成 22 个大农业区，其下又细分出 470 个小区：巴黎盆地土地肥沃，便大力种植优质小麦；西部的山区草场资源丰富，重点发展畜牧业；北部气温低，大规模种起了甜菜；发挥地中海地区的传统优势，扩大葡萄种植。到 70 年代，法国半数以上农场，搞起了专业经营，多数小农户，也只生产两三种农产品。农业生产分工越来越细，效率越来越高，收益也越来越可观。法国农民人均收入，达到城市中等收入水平。

农业是弱质产业，很多国家都采取保护政策，法国也不例外。以前政府靠提高关税、价格补贴，来保护农民生产积极性。随着国际市场逐渐放开，农业再一味地靠保护，路只会越走越窄。60 年代中期以来，法国政府调整思路，把扶持农业的重点，放在生产、加工和销售领域，力图通过“产业化”，把本国农业做大做强。这方面，法国的做法有独到之处。农业宏观指导，由政府负责；产前、产中和产后服务，交给合作社去办。在法国，农业食品部和渔业部主管农业，负责产供销全程规划，其他任何部门无权插手。这样就避免了条块分割、多头指导。为了防止这两个部门位高权重，失去监督，总理专设私人办公室，定期了解基层农业情况。另外，还成立了“全法最高农业发展指导委员会”，涉农各行业都有代表参加，重要的农业政策，必须由这个机构提出，然后才交给议会讨论，从而实现了“农民的事情农民办”。

产生于 19 世纪中叶的合作社，在当时的法国成了农民的当家人。到 60 年代末，法国建起了 3100 个农业信贷合作社，7200 个供应和销售合作社，14000 个服务合作社。合作社一般按行业划分，农户可根据经营情况，同时加入几个合作社。双方每年一签约，农民只要莳好农活，剩下的事全交给合作社去办。

年终结算时，扣除风险基金和发展储备金，其余的按入社资金、农产品收购量分给社员。如发生亏损，社员也要按对应的份额承担风险。为了鼓励合作社发展，国家出台有关政策，合作社可免交 33.3% 的公司税，当然，合作社如果违规经营，国家也有权予以取消。经过几十年发展，目前法国农户基本上都成了“社员”。农业合作社占据了农产品市场绝大多数份额，生产资料和饲料基本上由供销合作社销售，90%以上的农场贷款业务，由信贷合作社提供。

为了扶持农业发展，法国付出了极大的努力。仅拿投资来说，第二次世界大战后，法国实行的是“以工养农”政策，1952—1972 年，农业投资增长幅度，超过其他所有部门，1960—1974 年，国家发放的农业贷款增长了 7 倍。可是对法国政府来说，这却是一个“愉快的负担”：法国的农业生产率，20 年间提高了 3 倍，90 年代中期，农产品进出口顺差 240 亿法郎。困扰法国一个半世纪的小农经济，早已成了过去，代之而起的，是领先世界的现代化农业。

## 国土整治促进均衡发展

通过“国土整治”，促进经济均衡发展，这个过程很像切蛋糕，涉及方方面面的利益。为了一碗水端平，法国政府既加大了对西部的扶持力度，改善城市布局、发展主导产业；又通过“计划合同”“以西补东”等措施，妥善处理了中央与地方、东部与西部的关系。

20 世纪 50 年代初，法国经济就像一架倾斜的天平：以北起勒阿弗尔，南至马赛为界，东西两侧形如两重天地：东部被称作“富裕的工业法国”，其面积不足全国一半，人口却占总数的 2/3；全国 500 家大企业集团，东部有 476 家；这里的 4 大工业区，拥有全国 3/4 的工业职工、4/5 的工商业营业额；居民人均收入，高出全国平均水平 30%。与“工业法国”的繁华形成强烈反差，广袤的西部地区，处在天平失重的一端。那里人烟稀少，交通不便，停留在落后的小农经济时代，被称为“贫穷的农业法国”。随着时间的推移，东西差距越拉越大。同在一片蓝天下，同是升起法兰西国旗的土地，怎能如此苦乐不均，判若两个世界？1950年，建设部长克洛·珀蒂提出，应尽快进行“国土整治”，实现自然资源、经济活动和人员的最佳分配。1955年，法国政府颁布“国土整治”令，制定地区行动计划，拉开了向西部进军，促进经济均衡发展的帷幕。

“国土整治”事关法兰西发展全局，稍有闪失，就可能铸成大错。究竟如何破题，决策者们一时拿不定主意。恰逢此时，巴黎大学教授弗朗索瓦·佩鲁提出“发展极”理论，引起了法国政府的重视。佩鲁认为，经济增长的潜力，集中在某些主导部门和行业，它们往往聚集在大城市的中心地带，形成“发展极”。政府的任务，是在欠发达地区大力培育“发展极”，发挥它们的“磁场”作用，带动周围经济快速发展，逐步缩小地区差距，最终实现国民经济整体协调发展。佩鲁的理论令官员们茅塞顿开，一套全新的发展规划陆续出台。

在落后地区兴建城市，发展主导产业，遇到的头号困难，是来自东部的负面影响。东部大城市特别是巴黎，吸引了西部大量的人才、资金和技术，这如同釜底抽薪，动摇了西部发展的根基。而东部大城市的过度膨胀问题，也到了非解决不可的地步。比如巴黎，面积不足全国的2%，人口却占总数的1/5，集中了法国29%的工业职工、1/4的公职人员、40%以上的高级人才，全国2/3的商业总部也设在这里。长期超负荷运转，使得人口、交通、环境等问题日益突出，严重制约着巴黎的长远发展。限制东部大城市，发展西部新兴城市，两件事相辅相成、相得益彰。法国政府的“国土整治”行动，也正是循着这个思路，一步步地展开。

50 年代中期，法国推行了“工业分散”政策，规定在巴黎等城市创办新企业，须经政府批准，取得“许可证”，并交纳高额的占地“租金”。同时，通过低息贷款、免税、削减地价、颁发“地区发展奖金”等优惠措施，鼓励东部企业、商业、金融机构，向不发达地区疏散。60 年代，政府在边缘地区兴建了 8 个“平衡大城市”，改善全国城市空间结构，形成新的地区发展中心。从 70 年代开始，重点在西部发展万人左右的中等城市，小城市和卫星城也迅速崛起，它们大多位于农村、风景区、铁路沿线、中心城市外围，不仅缓解了大城市的发展压力，也促进了欠发达地区人口稳定和经济繁荣。1955—1964 年间，有 2800 多家企业到西部安家，1954—1975 年，先后有 750 万法国人西迁，昔日贫穷的“农业法国”，出现了图卢兹、波尔多、南特等大工业中心。

落后地区的经济要迎头赶上，显然不能老当“二传手”，靠引进发达地区的“夕阳产业”，一辈子也别想打翻身仗。法国政府在鼓励企业西进的同时，注意根据西部的地理、资源优势，确定合理的产业结构。比如西部虽经济落后，却有长达 3115 公里的海岸线，这是东部内陆地区望尘莫及的。要说投资小、见效快，滨海地区可以发展海水养殖，也可以从东部引进些出口型企业。法国政府的眼光看得更远：这么一大块风水宝地，用来发展旅游、高新技术产业，前景岂不更好？ 1970 年春，占地 2300 公顷的“索菲亚·安蒂波利斯技术开发区”破土动工，法国的优惠政策，地中海的旖旎风光，吸引了众多的投资者，先后有 50 多个国家，950 家公司前来落户，每年新增投资额 28 亿美元，创造新的就业岗位 800 多万个，昔日荒凉的海滩，成了法兰西的“硅谷”和旅游胜地。

布列塔尼地区的变迁，也许更能反映西部产业升级政策的成果。1954 年，该区一半以上人口从事农牧业，工业职工只占 18.5%。到 1975 年，农业人口比重减少 2/3，工业职工的比重升至 29.4%，第三产业达到 49.5%，由落后的农牧区，发展成全国最大的肉类生产、加工基地。“国土整治”计划实施 20 多年，法国西部的山地、高原、滨海地区，逐渐打破了单一的生产结构，多业并举，实现了产业合理布局。

“国土整治”历时长，规模大，涉及面广，为了避免出现“上有政策，下有对策”，实现全国一盘棋，法国政府别出心裁，在原有 96 个省的基础上，设立了 22 个大行政区，国家与大区签订具有法律效力的“计划合同”：中央政府负责确定总体目标，保重点项目，有资金优先分配权；开发整治权下放给地方；国家设立专门机构，负责对各地实施情况监督检查。行政大区对中央政府负责，各省对行政区负责，涉及跨区实施的项目，由国家牵头，协调各区、省的行动，从而保证了“国土整治计划”层层落实。60 年代以来，法国政府先后实施了多项公路、铁路、通讯发展计划，由于中央和行政区职责分明，各地能够联手合作，计划大都提前完工，在法兰西土地上，形成了横贯东西、遍布南北的交通、通讯网络。

通过国土整治，促进经济均衡发展，这个过程对法国政府来说，很像切蛋糕，涉及方方面面的利益。国家的政策优惠和资金倾斜，如果西部得到的过多，时间长了，东部肯定不会痛快。为此，法国政府不是一味扶持西部，而是着眼全局，政策因时而变。70年代中期，西部在国家扶持下改天换地，经济发展蒸蒸日上，而东北部的老工业基地，却由于国际油价上扬，遇到了前所未有的生存危机。法国政府便把心思东移，加大了老工业区的改造力度。1984年春颁布“工业结构改革方案”，收缩东北部的煤、钢生产规模，更新机器设备，淘汰旧工艺，鼓励发展高技术产业。为此，国家采取了“以西补东”的办法，投入大量财力、物力，为东北工业基地“输血”。由于做到了一碗水端平，东部对中央政府的“关照”双手欢迎，西部地区也没有什么怨言，老工业基地由此焕发了生机。

## 失业阴影挥之难去

"二战"后，法国经济本来一路阳光。不想平地起风波，在"石油危机"中，密特朗政府错误地实行扩张性经济政策，给失业问题埋下了隐患。20 世纪 80 年代中期以来，法国政府为解决失业问题，搜肠刮肚，使尽浑身解数，可收效甚微，失业阴影总是挥之难去。

西方人喜欢用"潘多拉的盒子"比喻各种灾难之源。据说，潘多拉是天神造的第一个女人，下凡之前，众神之王宙斯送她一个魔盒，令其好生保管，切莫打开。不想潘多拉忍不住好奇，最终还是违禁了。盒子一开，就再也关不住，疾病、罪恶、战争等恶魔从盒中跑出，给人类带来了无穷的祸患。在经济发展史上，政府的经济政策就有点儿像潘多拉魔盒，一不留神，便可能铸成大错，有些事情，还会变得难以收拾。比如困扰法国的失业问题，细究起来，便与 20 世纪 80 年代政策失当不无关系。

第二次世界大战后，法国经济本来一路阳光。1950—1973年，GDP年均增长5.1%，失业率不到2%，老百姓的日子过得优哉游哉。不想平地起风波，1973年和1980年，石油输出国两次提高油价，受其影响，法国经济增速放缓，失业率上升到5.8%，100多万法国人吃起了政府救济。其实，油价暴涨，不仅法国吃不住劲，其他工业化国家也不轻松。不过，在对付油价上涨方面，不同的国家，采取的措施也有不同，比如美、英、日、德等国，不约而同地推行紧缩政策，控制货币供应量，提高利率，减少政府开支，实行工资、物价管制，借此抑制通胀，减轻经济震荡。而法国的密特朗政府却逆势而行，采取了扩张性政策，这就无异于火上浇油，使本已恶化的经济形势更加严峻。

密特朗把建立“法国式的社会主义”，作为摆脱经济危机的出路。按他的理解，社会主义最大的特征，便是国有经济独步天下。于是，规模浩大的国有化运动，在全国轰轰烈烈地展开，不到两年工夫，法国就成了西北欧国有化最高的国家。除此之外，政府还出台了一揽子福利政策，增加各类补贴，扩大社会保障，提高工资水平，缩短劳动时间，鼓励私人消费。新政府的本意，是想让人们马上分享改革的成果。可心急吃不得热豆腐，由于国有化步子迈得过快，摊子铺得太大，加上福利开支过多，结果事与愿违，欲速则不达：政府这边是赤字猛增，而市场那边，成本推动着物价轮番上涨，几个月时间，通胀指数就达到了两位数。从1981年5月到次年6月，社会主义试验只坚持了一年多，便偃旗息鼓悄无声息。自1983年开始，法国转而采取紧缩政策，经济由热转冷，失业人数超过 200 万。

密特朗的一念之差，给法国的就业问题埋下了隐患。在国有化运动中，政府涉足最深的，是银行和竞争性企业。“国”字号企业太多，政府背上了沉重的负担。职工吃喝拉撒睡，事无巨细，国家都要过问；国有企业身为政府的长子，必须听老子的招呼，比如政府要安排人手，缓和就业矛盾，企业只能照单全收。竞争性行业冗员过多，效率上不去，亏损面越来越大。企业不挣钱，政府自然没有税收。财政转不动，即使有好项目，也没钱上马，结构调整，更是有心无力。这样一来，制造业就成了法国吸纳就业的重要场所，信息等高科技产业，就业率低得可怜。不幸的是，法国的传统产业近年来又遇到了新兴工业国家的挑战，人家劳动力低廉，产品卖得便宜，在贸易战中，法国接连败北。另外，国有化使大批银行“私转公”，政府投资占了大头，民间资金被挤到一边，私营企业本想在就业上帮政府一把，这下也只能望洋兴叹了。20 世纪 80 年代中期以来，法国政府为解决失业问题，搜肠刮肚，使尽浑身解数，可很长一段时间，收效甚微，失业阴影总是挥之难去。

对付失业，法国政府的看家本领，就是私有化。1988 年和 1993 年，先后通过两个私有化法案，国有企业从竞争性领域逐步退出。但企业要有竞争力，怎是一个“私”字了得？与私有化配套进行的，当然是减员增效。如此一来，失业人数不降反升。尽管政府迫于罢工压力，私有化搞得分外小心，尽量减少人员下岗，以免影响社会稳定，但要靠私有化来解决失业问题，确实力有不逮。于是，政府又使出了另一招：限制外来务工人数。“二战”结束后，法国曾因劳动力不足，大力鼓励移民。1946—1975 年，移民猛增到 340 万，占法国总人口的 6.5%。于是有人认为，是移民抢了法国人的饭碗，70 年代中期以后，法国政府采取了限制移民的政策，近年来，对移民控制更加严格，可此举还是未能奏效。原来，外来人员主要有两类，一是没多少文化的壮劳力，干的都是法国人不愿做的苦差，他们一走，脏活累活没人问，即使有人干，要价也会高得惊人。另一类则是高科技人才，欧洲国家需求不下数百万，都是请都请不来的主，法国怎敢得罪？

限制移民的路也堵死了，法国又从鼓励就业上做文章。可自密特朗以来，几届政府为取得公众支持，把工资越定越高，福利保障也越来越优厚。高工资使企业对增员望而生畏，算来算去，添人不如添设备，于是，马克思“机器排挤工人”的预言，还真在法国应验了。另外，“福利病”也使就业政策屡屡失效。失业人员每月可以领到 2000 法郎救济金，还能享受多种福利补助，与其低三下四找工作，不如待在家里吃劳保。失业的闸门，一旦打开就很难合上，1994 年，法国失业人数突破 300 万，到 1996 年，法国失业率高达 12.7%，欧洲国家无出其右。

不过，法国政府还是心不甘，不愿让失业拖累未来。1995 年希拉克当选总统，把解决失业问题，当作头等大事。1997 年以来，先后实施了一些新举措。比如通过了 3 年减税 1200 亿法郎的计划，刺激企业投资；缩短工时，实行 35 小时工作制，同时控制工资增长，以实现“就业机会共享”；改革福利制度，调整失业救济办法，拉大就业者和失业者收入差距，促使“懒汉”就业；通过“安置就业合同法”，对企业吸纳失业人员，政府提供巨额补贴；制定“青年就业法案”，重点安排青年失业者到第三产业工作；增强与发展中国家的贸易合作，为外贸企业开拓空间；鼓励风险投资，大力发展新经济等等。新政府的反失业措施，吸取了以往的教训，多管齐下，重在治本，使困扰法国 10 多年的失业问题，初步得到了缓解。

2000 年，法国企业投资增长 7%，出口额增加 9%，新增就业岗位 37 万个，特别是在信息、通讯产业，就业增长高出其他部门 8 倍，法国的失业率降到了 10%以内。新世纪头一年，法国权威人士说，政府将用 10 年时间，争取实现充分就业目标。看来，若要摆脱失业的阴影，法国政府还有很长的路要走。

# 德国经济

▲

独具特色的农业改革

经济统一推动政治统一

教育为本实现经济赶超

步入误区的战时经济

选择第三条道路

银行独立一波三折

东部改革拉开帷幕

▲

# 独具特色的农业改革

17 世纪的欧洲诸国，工商业迅猛发展，而德国的农业却“一枝独秀”。现代化进程的加快，不仅没有使德国废除封建制度，反而让容克地主实力大增，他们开始投资农场、工厂、矿山、铁路，成了真正的资本家。普鲁士走出一条独具特色的农业资本主义道路。

17 世纪初的欧洲，商品经济一经萌芽，旋即表现出异军突起、不可阻挡之势。然而当时由于封建势力把持政权，自然经济根深蒂固，于是一个时期里，新经济与旧经济相互对峙，展开了一场生死较量。英、法等国资产阶级，通过轰轰烈烈的革命，推翻了封建地主，踏上现代文明之旅。而在普鲁士，容克地主则顺应形势，率先接受了资本主义，进行自上而下的改革，走出一条独具特色的普鲁士道路。

15—16 世纪前，德国的工商业尚能与欧洲各国并驾齐驱，可由于新航线的开辟，沿海地区占尽天时、地利，商贸中心自然移向港口地区。在欧洲的西北角，各国商人穿梭其间，国际贸易做得热火朝天，商品经济像是地下的岩浆，悄悄地蓄积力量，等待着冲出地壳的那一刻。相比之下，德国没有地理上的优势，门庭显得十分冷落；1618—1648 年，德国一直硝烟弥漫，外战内乱，足足持续了 30 年，原先工商业较发达的城市，由于战争而日趋萧条，昔日的辉煌悄无踪影。所以，17 世纪时，德国的工商业一蹶不振，对外不能与他国竞争，对内也无力与封建势力相抗衡。

工商业主在德国生不逢时，可容克地主却鸿运当头，迎来了他们的“黄金时代”。原先的粮食贸易，关卡林立、阻力重重。随着航线的增多，易北河、波罗的海、北海、欧洲西北角间船来船往，陆上的关卡形同虚设。英国、荷兰忙着出口工业品，进行殖民贸易，其丰厚的利润，使人们趋之若鹜，农业却因此受到了冷落。这一改变，使原先的农业出口国，现在亟须进口粮食，而便利的交通、广阔的市场，给德国农业发展带来了机遇，粮食出口由此猛增。德国工商业本来先天不足，农业却乘机迅猛发展，所以，在 17 世纪的工商业浪潮中，德国农业“一枝独秀”。容克地主一方面农商并举，进行企业化经营，同时又改头换面，由收租的地主，变成农业企业家。这样一来，现代化进程的加快，不仅没有使德国废除封建制度，反而让容克地主坐收渔翁之利，实力大增，其统治地位稳如泰山。为维护既得利益，地主把农民圈在土地上，并用法律形式再版“农奴制”，规定婢仆及其子孙都是地主的财产，择业、择居、终身大事都得听凭地主的安排。

1806年，德法间进行耶拿大战，结果德国被打得落花流水，被分解为300个邦，军队仅剩1/5。普鲁士作为联邦中的成员国，被保存了下来，但却比原来减少了一半的人口和土地。军事溃败后，随之而来的便是经济上的劫难。由于拿破仑的贸易封锁，粮食出口已不可能，容克地主发家致富的生命线被掐断了；战争引起的混乱，使得商旅不安，工商业也渐渐开始萧条；巨额的赔款，对战败的普鲁士来说，就像是个无底洞，倾其所有，也不能填其一角。在工业世界的冲击下，德国似乎被现代文明遗忘，被英、法等国远远地甩到了后头。

落后就要挨打，面对失败，自尊的德国人不得不深刻反思。他们明白，法国之所以胜利，表面看是其器械精良、国力殷实，实际上是它的经济制度，比“农奴制”要优越。“农奴制”已不合时宜，必须改革。不改革，农民没有自由，劳动力不能自由流动，发展工商业就找不到人手。就连当时政府官僚阶层也承认：“旧世界已失去魔力，不再适合我们，这个流尽鲜血的国家要继续生存下去，就得适应新时代的要求，进行更新。”既然封建制度迟早要被淘汰，那么就应宜早不宜迟。可是选择何种方式来达到目标呢？是通过革命的办法推翻现行政权，还是通过改革的办法缓和矛盾？首相施泰因的回答是：我们无须摧毁老传统，而只需对它进行合乎时代精神的改造。

1807年10月，政府颁布《十月敕令》，规定从1810年圣马丁节（11月11日）起，还农民自由身，允许农民自由移动与择业；无论贵族、市民、农民都可以分割、抵押、买卖土地。不久，国家又颁布《关于废除国有土地上农民世袭人身隶属关系的法令》《二月法令》，进一步减少对自由的限制、禁止地主随意侵吞农民土地。农民有了梦寐以求的自由，自然欢欣鼓舞、拍手称快。可地主却眉头紧锁、闷闷不乐。过去他们一直把农民当摇钱树，可现在没了赚钱的工具，他们岂能善罢甘休。他们声称："宁愿再吃三次败仗，也不愿要《十月敕令》。"他们千方百计地设置障碍，阻挠改革，并把施泰因视为眼中钉，不断向拿破仑进谗言，旨在普王将他免职。受战争影响，容克地主实力虽有所下降，但瘦死的骆驼比马大，他们依然是国家的中坚，他们的意见，上层人物不敢不听。改革的先驱者——施泰因，虽然豪情万丈，但却心有余而力不足，终因阻力重重而壮志难酬，1808 年，逃往俄国避难。

1810 年，哈登堡继任首相。他深知改革是大势所趋，但施泰因的前车之鉴令他也不敢轻举妄动。1811 年，哈登堡采用折中的办法，颁布《关于调整地主和农民关系的敕令》，规定农民可用赎买方式来解除封建义务。农民要获得土地，要么放弃原土地的 1/3—1/2，要么支付 25 倍的年租。此法是改革派与封建势力妥协的结果，它如同在改革道路上设置的一道门槛。高价的赎金，则是通行证。这道门槛一设便是 40 年，1850 年 3 月，政府颁布《赎免法》，减少了对赎买土地的限制。普鲁士的农业改革，就此告一段落。

人在屋檐下，不得不低头。新生的资产阶级，因势单力薄，很长一段时间内，只能向封建势力妥协，一些积极的主张，因与地主利益相左，实施时便大打折扣。所以，普鲁士的农业资本主义道路，较为迂回、渐进，虽说保证了国家政权的稳定，但却不像英、法那样来得直接、有效，经济发展，也比别国慢了好几个节拍。不过，历史的车轮不可逆转，新生事物一旦破土，就注定了要开花结果。改革后，农民成了自由劳动力，潜能得以释放。不过改革的最大受益者，依然是容克地主。1815—1847 年，他们得到了 1854 万塔勒尔的赎金，《赎免法》颁布后，又给他们带来了 1950 万塔勒尔的收入。巨额的财富，转化为原始资本，资产阶级化的容克地主，又开始投资于农场、工厂、矿山、铁路，成了真正的资本家，普鲁士最终进入了资本主义社会。此后，其工商业日益繁荣、国力与日俱增，在德意志联邦中，与没有变革的其他成员国相比，普鲁士实力最强，为日后统一德国，打下了良好的基础。

## 经济统一推动政治统一

> 随着关税同盟的建立、铁路网的延伸，德意志逐步实现了经济统一。经济统一必然推动政治统一。19 世纪 60 年代，俾斯麦发动了三次王朝战争，三战三胜，扫清了统一道路上的一切障碍，德国终于不再四分五裂，成为一个真正的整体。

19 世纪 30 年代，英国的产业革命刚刚落下帷幕，法国的产业革命已经起步。可德意志联邦，此时却四分五裂、名存实亡，仍笼罩在浓浓的封建迷雾之中。不甘落后的德国人认为，要赶上自己的近邻，当务之急乃是一统河山。

19 世纪初，德国就沦为法国的殖民地，成了仰人鼻息的附属国。1815 年，滑铁卢一役，使拿破仑兵败如山倒，成了阶下囚，原归法国控制的德国，只得易主，移交给沙俄与奥地利。同年 6 月，德意志联邦成立，它包括 34 个邦和 4 个自由市。当时，奥地利也是联邦的一员，其首相梅特涅，出任联邦首相。他深谙“乱世出英雄”的道理，认为只有在混乱的状态下，才能玩弄“平衡”权术，使各邦相互牵制，他的统治才会稳如泰山。所以，为防止大权旁落，他不希望出现一个统一、强大的德国。曾公开宣称：“德意志想统一，那是妄想。”在梅特涅的领导下，德联邦名义上是“联邦”，实际上则是一盘散沙。

对梅特涅而言，邦小就代表着好管理。据说，有的小邦的国君一走出城堡，就可闻见邻邦早餐的香味，此话不免有些夸张，但也从一个侧面反映，德国当时的邦实在是太小、太多。每个邦都有自己的法律、货币、度量衡、税制，使贸易往来阻力重重，如从汉堡到奥地利，得过 10 个邦，交 10 种税。邦与邦之间，互相倾轧，你收过境费，我也收过境费；你商品卖得便宜，我的卖价就更低。为此，常常斗得两败俱伤。而邻近国家，却从中大获其益。不幸的是，人家坐收渔利，反过来还骂你傻。德国商人们，一个个是有苦说不出，本想互通有无，做点生意赚钱，可稍一走动，就出了国门，就得交这种费，那种税，税费五花八门，贸易所得的微利，常常还不够交这些税费。入不敷出，商人们只能望而却步。德国经济学家李斯特曾这样描写道：“德国的 38 个关税口、10 条过境线，就如同将人全身捆住，使血液不能流通。”并感慨，“他们是没有祖国呀！”

稍有民族感的人，都会意识到形势不妙，经济上要求统一的呼声越来越高。在德意志联邦中，有两个大邦——普鲁士与奥地利。虽然奥地利是联邦的“大哥大”，但普鲁士更重视经济发展，工业基础好，在实力上却独占“花魁”。财大才能气粗，1818年，该邦的财政部长比洛，针对关税种类多、产品销售不畅、走私严重的状况，进行了关税改革，废除邦内关税，大幅减免本邦的过境税，率先向各邦表明合作的诚意。就如同两军对阵，双方都到了疲惫不堪的时候，现在有一方先鸣金收兵、愿结友好，另一方自然也会借梯下楼，不再恋战。普鲁士此举，使德意志向经济统一迈出了关键的一步。

但这仅仅是第一步，要想建立全国性的关税同盟，并非易事。比如一些小邦，过境税是其重要收入，要减免它，就等于断了财路；奥地利经济较落后，担心实行低关税后，廉价的商品大量涌入，冲垮本地经济，故有意高筑关税壁垒，抑制进口。这样一来，由于利益的驱使，各联邦对经济统一，难成共识。不能一蹴而就，只得分几步走，先从小范围着手，再从局部到整体。不久，在普鲁士的推动下，南部关税同盟、北部关税同盟、中部关税同盟相继成立。随着经济的发展，聪明的日耳曼人也意识到，有市场才有财富，要增加财富，就得扩大市场。1829年，南北部关税同盟“联姻”。此时，普鲁士也乘机许诺，只要一加入同盟，就可享有同盟内的一切优惠，市场的魅力，利润的诱惑，成了不可抗拒的力量，吸引着各邦走进同盟，5年后，全国性的关税同盟成立，使全德3/4的地方统一了关税。1852年，关税同盟扩大到德国全境，通过努力，1863年，基本上统一了贸易法、票据法、度量衡制度，在德国政治尚未统一前，实现了经济统一。

全国关税同盟的建立，为商贸活动创造出宽松的环境，给商人们打开了便利之门。但是，德国道路崎岖，新建的路多为军用，交通条件很差，货物运输成了大难题，为了解决这一问题，德国人开始向英国、美国学习筑路术。在这方面，走在最前面的依然是普鲁士，1835 年，第一条铁路纽伦堡—菲尔特线建成，德国的筑路热，正是从这条仅 6.1 公里长的铁路开始。此后，私人、政府纷纷投资修铁路，开始了一个“铁道时代”。4 年后，德国的铁路总长就超过了法国，1870 年，德意志的铁路干线就达 2.1 万多公里，其中普鲁士就有 1.1 万多公里。

修筑铁路，不但方便了物流，繁荣了商业，也促进了相关产业的发展。几万公里的铁路，需要大量的钢铁、机器，这刺激了采矿业、冶金业、机械制造业的发展，加快了德国工业化的步伐。1870 年，德意志的工业生产总值，占世界的 13%，仅次于英、美，居世界第三，短短几十年，就取得如此成就，与修铁路所带来的联动效应不无关系。同时，便利的交通，加强了邦与邦之间的联系，增进了民族间的融合，诗人卡尔·贝克曾如此赞道：“条条闪光的铁轨，是婚姻的纽带和证婚的戒指，它柔情地将各邦沟通，良缘就此缔结。”

经济统一推动着政治统一，关税同盟和修筑铁路，使德意志各邦血脉相连，自然而然地走到了一起。1848 年 3 月，愤怒的人民对顽固保守、骄横跋扈的梅特涅忍无可忍，终于推翻了他的统治。此后 10 多年间，全国性的组织如雨后春笋，不断涌现。德意志经济学家协会、德意志商会、法学家协会、议员大会，相继举行开业大典，尤其是德意志法学家协会，还为各邦制定了统一的法律。这些组织定期集会，强烈要求实现民族统一、政治统一。这表明德意志的学术界、商界、政界，已是人心所向，统一势在必行。

如果说，经济统一，普鲁士是始创者，那么，政治统一，它又是完成者。19 世纪 60 年代，普鲁士发动了三次王朝战争，凭借其雄厚的经济实力，国民的支持，三战三胜，打败了波兰、奥地利、法国，统一途中的一切障碍，被彻底清除。1870 年年底，德国实现统一。1871 年 1 月 18 日，在战败的法国凡尔赛宫，普鲁士国王威廉一世加冕为德意志皇帝，其首相俾斯麦升为帝国首相。关税同盟，也完成了它的历史使命，融入帝国之中。从此，世界政治舞台上，多了个强者，欧洲的格局，也从此发生了重大的转变。

## 教育为本实现经济赶超

1871年，德意志帝国刚成立时，百废待兴，虽说有一定的工业基础，但尚不能与列强们相提并论。可到了第一次世界大战前夕，其实力远远超过了英、法，仅次于美国，居世界第二位。美国人在参观考察后，对这一成就大发感慨："德国最大的本钱在智力。"

普法战争，是法国首先挑起的，本想一展帝国雄风，让德国俯首称臣，结果搬起石头却砸了自己的脚，法国人不仅吃了败仗，而且还割让土地赔了银子，弄得颜面丢尽、威风扫地。原先欧洲大陆的霸主，怎么会如此不堪一击，败给一个曾任人宰割的附属国？他们弄不懂，思前想后，终于明白：德国人受的教育多，士兵们有勇有谋，所以打了胜仗。

很早以前，德国人就意识到教育的重要性，在这方面投资很大。"铁血宰相"俾斯麦，喜欢用武力解决争端，属好战派，老天爷似乎很给面子，他总能以弱胜强，将胜利之旗插到他国领地。屡战屡胜，能全归功于运气吗？当凯歌高奏，人们为俾斯麦大摆庆功宴时，他却将胜利的勋章，“送给”教育界。他认为，部队的作战水平高，得益于士兵的高素质，而士兵的素质又源于学校教育。所以，1885 年，他 70 大寿时，从 250 万马克的贺礼中，拿出 120 万作为学位津贴，以鼓励学者。首相尚且如此，政府自然不会怠慢，在教育上决不吝啬，肯花“血本”。1900 年，其教育经费达 15 亿美元，占国民生产总值的 1.9%，而英、法在这方面的投入，则比它低了许多。

重教和尊师相辅相成，一流的老师，才教得出一流的学生。千里马常有，而伯乐不常有。教师正是慧眼识才、因材施教、培养千里马的“伯乐”。在德国，教师的社会地位高、收入不菲、很受尊重，真正成了“太阳底下最光辉的职业”。德国小孩一入学，就立志要当大学教授。由于想干这行的人多，竞争激烈，它的“门槛”自然不低，就拿小学教师来说，光凭高学历还不够，还得与众多对手一争高低，只有出类拔萃者，才会被学校聘用。

尊师重教，光靠花钱还不够，德国人认真地琢磨其门道，不断改革，以求日臻完善。19 世纪初，普鲁士的教育部长洪堡，对学校制度进行改革，建立了较完善的教育体系，并创办柏林大学。教育要从娃娃抓起，70 年代，德国进行了近代教育革命，规定接受教育和服兵役一样，都是公民的基本义务，用强制手段，“迫使”家长们送孩子们上学。政府使出这一招，旨在扫盲，打好德国人的素质根基。1895 年，德国的文盲率仅为 0.33%，是法国的

1/20，其教育普及程度，让其他国家自叹不如，望尘莫及。

除普及教育外，德国当时的职教体系也很发达。教育的载体是学校，建筑、机器制造、采矿等部门，都建了技术学校，培养专业员工。1900 年，仅普鲁士地区就有 1070 所工业实习学校，1910 年，德国中等技术学校的在校生就达 135.6 万人。正是这些学校，输送出大量懂专业、会技术的人才，他们基础好、肯动脑筋，很快就能触类旁通、操作娴熟，为德国日后经济的飞跃，奠定了殷实的基础。

如果说，普及教育是打基础，职业教育是培养员工，那么，高等教育则是造就顶尖人才。19 世纪末到 20 世纪初，世界一流的科学家云集德国，无论是基础科学还是应用科学，都是独占鳌头，这样一来，德国理所当然成了全球的科技中心。20 世纪初，德国有 5000 多名化学家，当时化学界的发现和发明，几乎全被他们垄断：物理学家爱因斯坦，提出的量子论、分子论、相对论，奠定了现代物理学的基础；数学王国里，希尔伯特 1899 年出版了《几何基础》，消除了人们对几何公理的疑虑，第二年，他又提出了 23 个悬而未决的数学难题，对数学家们极富吸引力，“打起你的背包，到格廷根去”（格廷根是当时德国的一个科技中心），成了数学界的一句时髦口号。同样，在生物学、地理学、天文学领域，德国也是人才辈出、群英荟萃。从 1901 年到 1914 年，德国就有 13 人获诺贝尔奖，甚至 20 年后，在诺贝尔奖牌榜上，德国依然高居榜首。

对一个国家而言，拥有先进的技术发明，虽然值得自豪，但却不是最终目的，更重要的是，要看它们能不能转化为生产力。德国的科学家的高明之处就在于：他们没有躲在象牙塔里，也没有将先进的理论束之高阁，科研成果很快就融入生产中，成了新的经济增长点。1866年，韦尔纳·冯·西门子发明了发电机，随即，世界的两大电业巨头相继形成：西门子公司转变经营方向，推行电力技术，推广有轨电车；十几年后，电气集团爱迪生公司（即后来的通用电气公司）成立。这技术别国一下学不会，要进行电气化改造，自己干不了，干着急也没用，还得请这两大公司出马。这两大巨头，坐了老大这把交椅，说了能算，成绩自然不菲：不但完成了德国的电气化改造，而且，当时欧洲90%的有轨电车，也是他们铺的。科研成果，开辟了新的市场，给德国带来巨额利润。

别国没有的，德国人先有了；别国没发明的，德国人先发明了，他人无法与之竞争。但由于德国工业起步晚，在许多技术领域也存在先天不足。好在德国人并不故步自封，对于本国没有的技术，他们就利用其人才优势，加以学习、吸收、创新，以求后来者居上。1856年，美国人珀金率先从焦油中合成染料，一改从大自然中提取的传统做法，使其成本更低、性能更优。按理说，先下手为强，在染料工业上，美国应该更占优势，但德国人的脑袋好像更聪明些，他们很快将这项技术学到手，并加以改进，使其产品色泽鲜艳、品种丰富、耐洗耐晒。这样一来，德国的染料比美国的更受欢迎，20世纪初，它就成了这个行业的霸主，占据了世界3/4的染料市场。

教育投资，就像是涓涓细流，虽不会立竿见影，但它会逐步渗透到方方面面，时间一长，定能灌溉出一片片绿洲。1871 年，德意志帝国刚成立时，百废待兴，虽说有一定的工业基础，但尚不能与列强们相提并论。可 30 年间，它的工业总产值提高了 4.7 倍，外贸总额增加了 3 倍。一战前夕，其技术基础雄厚，工业体系完整，实力远远超过了英、法，仅次于美国，居世界第二位。美国人在参观考察后，对这一成就大发感慨："德国最大的本钱在智力。"

## 步入误区的战时经济

一切服从政府，实行高度集中的指令经济，虽能举全国之力，在短期内应付燃眉之急，但它人为地改变资源配置，造成了产业结构畸形，使经济发展失去后劲。就如人们赛跑，倘若一条腿长、一条腿短，不仅跑不快，弄不好还会跌跤。

第二次世界大战后期，协约国节节败退，当苏联红军攻进德国国会大厦时，希特勒感到大势已去，绝望之际，在地下室结束了自己的生命。他统治的 12 年，给德国乃至全世界人民带来了深重的灾难，此一时期的经济政策，同样值得世人反思。

第一次世界大战后，德国建立了魏玛共和国，实行议会共和制。虽然多党执政，但没有一个党占绝对优势，各个党派意见不一，致使政局不稳。德国是马克思的故乡，共产主义广为传播，尽管共产党在议会里的席位不多，但很有影响力。1925 年，他们提出议案，要求没收私有财产，并对此进行全民公决。尽管由于有产者横加干预，使该提案没有通过，但36.4%的赞成票，让大企业家、大银行家心有余悸，害怕自己辛苦创下的家业，有朝一日成了他人的囊中之物。一波未平，一波又起，没过几年，经济危机席卷全球。庞大的失业队伍、不断攀升的通货膨胀、堆积如山的过剩商品，让他们一筹莫展。虽说从殖民地能获得廉价的原料、劳动力，推销过剩商品，可以转嫁经济危机，但德国动手较迟，殖民地早已被瓜分完毕，剩下的只是“残羹冷炙”。于是，实业家想出一个两全之计：发动战争，既可通过销售军火发财，也可乘机抢占殖民地。但当局的软弱，使他们颇为不满，迫切希望有一个强有力的政权，既保护他们的私有财产，又能让他们大发战争财。

要组织这样一个政府，总得有人站出来领头。谁是最佳人选呢？实业家苦苦寻觅。那时，希特勒虽野心勃勃，想建立第三帝国，但纳粹党影响不大，成不了大气候。他意识到，若没有大亨们的支持，仅靠信徒们四处游说，还是夺不了权。共同的利益，让他们一拍即合。在政治、经济上，有了实业家的鼎力援助，希特勒势力大增，1933 年，他如愿以偿，登上总理宝座。

希特勒一上台，就为实现征服世界的梦想，紧锣密鼓地扩军备战。1933 年初，德国有 600 万失业大军，失业率高达 33.4%。为此，国家拨出 15 亿马克，进行基础设施建设，既能为军事工业打基础，又可扩大就业，可谓一举两得。当年，失业人数减少了 1/3；4 年后，基本实现充分就业。可随着战争的进展，军需品用量增加，劳动力渐显不足。政府又颁布法令，实行劳动力管制，规定凡 65 岁以下的成年男子、45 岁以下的成年女子，都得到地方劳动局登记，参加义务劳动；同时延长了劳动时间、增加劳动强度，一天工作 12 小时乃至 16 小时，这在当时，并不足怪，战争期间，德国工人因过度劳累，工伤事故比战前增加了一倍。

打起世界大战，花钱似流水，对手的实力不弱，要想打赢，还得敛得巨额钱财。为快速积累财富，纳粹政府大幅度提高税率，就算税率高得让企业不堪重负、关门歇业，也在所不惜。同时也增发大量的国债，仅 1939—1945 年，德国的长期债务增加了 7 倍，短期债务增加了 36 倍。另一方面，实行以战养战的策略，成立了“东方农产品总商会”等机构，将被占领国的食物、矿产、劳动力，源源不断地运往本国。

一个国家的资源是有限的，要增加军需品生产，只能抑制当前消费和其他方面投资。政府开始打着平抑物价的旗号，要求人们节衣缩食，实行食物配给制；随着军备物品生产的加大，希特勒又提出：“要大炮不要黄油。”居民的粮食、肉类等食品的供给，被一再缩减。1943 年，提出“对居民的供应实行最严格的控制”，每人每周仅供应半斤肉、5 斤马铃薯。政府还实施外汇管制，规定外汇必须到国家银行结汇，要用外汇时，须经申请，服从“国家需要”的，才会被批准，如此一来，进口商品多半是武器弹药。此外，政府还实施投资管制：凡投资于军需品的，国家优先保证其原料、劳动力；凡与战争关系不密切的行业，则限制其投资。1943 年，德国关闭了大量的旅馆、澡堂、饭店、商店及非军工产业，以增加战备物质。

实行高度集中的指令经济，劳动力、收入、消费，都归政府管，确能举全国之力，在短期内达到立竿见影之效。1938 年，德国的经济总水平，比危机前的 1929 年上升了 25%，恢复速度比英、美、法都快。也正是缘于它实力强，军用物资充分，在“二战”初期，能以迅雷不及掩耳之势，先后攻占了波兰、丹麦、挪威、荷兰、比利时、卢森堡、法国。

但是，一切都以战争需要为转移，军事工业虽然飞速发展，可其他部门却增长很慢。重军工、轻其他，使经济结构畸形。1933—1938 年，生产资料增长了 162%，而消费资料只增长了 36%。仗打起来时，这两者反差更大：1942—1944 年的 3 年间，军备生产增长了 3 倍，而消费资料却“原地不动”。工人拼命工作，口粮却越来越少，日子过得很悲惨。工商业主之间，也苦乐不均。为筹集战备资金，政府对非军工行业课以重税；“二战”开始后，大量工人充了军，劳动力不足，致使一些企业只得关门走人、欲哭无泪。不过，那些做战争生意的大主，却发了横财：从事军火行业的大公司，利润平均增加了几千万马克；纳粹党的官方出版社社长，马克斯·阿曼纳控制了德国 82.5% 的报纸，大肆宣扬纳粹政策，为战争编造谎言，利润高达几亿马克。

“二战”初期，尚可掠夺被占领国的资源，据为己有。但从斯大林格勒保卫战后，局势发生了变化，德国节节败退，原先控制的一些地区，也随之丧失，以战养战的计划破产。德国的战线拉得很长，随着东西战线受挫，国内工业区遭到盟军空袭，军备物质告急，人们生活水平急剧下降。面对失败，政府只有孤注一掷，宣布：“超全面”动员：成年男子都得参军，再次缩减食品供给，想从石头中榨出油来。但事实证明，“超全面”动员并不是仙丹，没能使德国经济起死回生。由于原料奇缺、劳动力匮乏，1945 年 1 月，军火生产也减少了 45%，德国经济全面崩溃。

实行经济管制政策，人为地改变资源配置，虽能应付燃眉之急，但它也造成了畸形的产业结构，使经济发展失去后劲。就如人们赛跑，倘若一条腿长、一条腿短，不仅跑不快，弄不好还会跌跤。第二次世界大战结束后，德国人痛定思痛，终于明白：要真正强国富民，高度集中的指令经济行不通。

# 选择第三条道路

> 社会市场经济有两只手，左手是市场，调节自由竞争；右手是政府，完善市场秩序、保障社会公正。艾哈德就像一位艺术大师，将秩序融于自由之中，汲取二者精华，使联邦德国在战后经济重建中，如鱼得水，发生了天翻地覆的变化，被誉为“世界经济史上的奇迹”。

第二次世界大战结束后，世界形成了两大阵营：社会主义与资本主义。它们相互对峙、水火不容。在经济运行上，一个奉行市场调节，一个强调计划万能，而且彼此都坚信自己走的是阳光道，别人过的是独木桥。但联邦德国却认为，市场与计划，并没有不可逾越的鸿沟，二者可以取长补短、兼容并蓄。基于这种认识，德国人另辟蹊径，既不照搬美国的自由市场经济，也不完全复制苏联的计划模式，而是将两者加以折中，走第三条道路：社会市场经济。

为充当世界霸主，希特勒在第二次世界大战期间，攻城略地，四处出击，结果害人害己，到头来四面楚歌，赔了夫人又折兵。根据1945年的波茨坦会议精神，以柏林墙为界，德国被一分为二，东部由苏联管理，不久建成民主德国；西部被英、法、美控制，尔后成立联邦德国。西德成了欧洲的二等公民：国家负债累累、货币贬值、物价飞涨，生产能力急剧下降，当时的国民生产总值不到战前的一半；一些大城市几乎被炸成废墟。据估算，每天用10列50节车皮的火车运输，柏林市的碎瓦乱石，也得运16年；许多人居无定所，四处流浪。1946年的冬天，是20世纪最寒冷的冬季，人们饥寒交迫，生活窘迫，苦不堪言。当时的人均食品供应量，只有战前的1/5。食物严重匮乏，危及国民的健康。浮肿、软骨病、肺结核，就像是一场场瘟疫，至今仍让德国人谈虎色变。

贫困交加的人们迫切需要工作、食品和医药，他们渴望着经济复苏，盼望有朝一日能恢复昔日的辉煌。随着战争的失败，希特勒的战时经济管制，终于走到了尽头。历经这场民族浩劫，人们反计划的情绪变得十分强烈。那么，是不是该完全放任自由，从一个极端走向另一个极端？西德面临经济体制的重大抉择。时势造英雄，一直从事经济工作的艾哈德，深谙国情，顺应民心，提出了一套独具特色的方案。他认为，要增加国民财富，用武力去强占他国领土，劳民伤财不说，弄不好竹篮打水一场空；而用物美价廉的商品占领世界市场，既省时省力，又方便快捷。所以，他主张靠自由竞争来繁荣市场，靠国家干预去维护秩序。英雄所见略同，首相阿登纳与他不谋而合，于是，艾哈德很得赏识，被任命为经济部长，全权主理战后经济重建事务。艾哈德也不负众望，在任期间，他凭借手中的权力，坚定地推行所谓“社会市场经济”体制。

联邦德国成立前，英、法、美成立了占领局，管理西德的大小事务。由于战争遗患，物品供求紧张，该机构实行配给制和价格管制。但计划过多，管制过细，就如同一个个紧箍咒，抑制了人的自主性、创造力。德国人只有待在家中，等待那份可怜的配额。要让人们充分施展才华，就得减少计划与配额。1948 年 7 月，艾哈德当机立断，把数百条经济管制，如物价限制、票证配给等，通通扔进了废纸篓，同时税率也被大幅削减。此举一出，使原本绝望的人们，重新看到了曙光。社会市场经济，一个基本的准则就是允许多种所有制共生共存，私有、国有、合作所有、工会所有，都可以同台竞争。于是，人们重整旗鼓，跃跃欲试，要到市场中去一显身手。

在大海中，鲨鱼是其他鱼类的天敌，要使水域中的鱼自然成长、种类丰富，养鱼人就得防着鲨鱼。同样，竞争和垄断也是冤家。1957 年 7 月，政府为保护竞争，颁布《反对限制竞争法》（即通称的卡特尔法），该法后来成了市场经济的“大宪章”：规定未经审批，大公司不得合并；禁止企业产、销联盟，统一定价。为严格执法，国家专门成立卡特尔局，该局依法行事、铁面无私，从 1968—1982 年，共处理了 338 起妨碍竞争事件，每年罚款达

1000 万马克。反垄断，给竞争者提供了广阔的生存空间，但是，要让优胜劣汰规律起作用，使人们提高效率、改进技术、降低成本，还得防止恶性竞争。政府先后通过了《反不正当竞争法》《折扣法》《关于附加赠送物品法》《商标法》，严禁假冒伪劣、坑蒙拐骗；规定商品折扣不得超过 3%；买一送一时，二者间的价值相差不能太小，如卖汽车时可送小配件，但不能送摩托车。

社会市场经济有两只手：左手是市场，调节自由竞争；右手则是政府，完善市场秩序、保障社会公正。艾哈德打过一个比方：经济活动如同比赛，国家就像裁判，制定比赛规则、维护赛场秩序，但它严守中立，既不做教练员，也不当运动员。竞争虽可提高效率，但却不能兼顾公平，它往往导致两极分化，因效率而牺牲公平，这在西方社会司空见惯。与一般的市场经济不同，社会市场经济更富人情味，强调全体成员共享经济繁荣的成果。在社会保障上，西德不惜血本，每年此项支出占国民生产总值的 1/3，让其他国家望尘莫及。因此，在西方国家中，它的贫富差距最小。一些宏观指标，如经济增长率、失业率、通货膨胀率，由国家掌握。在德国历史上，因战争引起的通货膨胀，让人们受害不浅，政府顺应形势，提出："宁要低通胀下的适度增长，也不要高通胀下的高增长、高就业。"要实现这个目标，国家可以通过财政、货币政策来调节，但不能给企业主下硬指标、死命令。政府不是"太上皇"，它也得遵章守法。为此，政府和议会还修改出台上千项经济法规，建立了完备的法律体系。如《劳资协议法》就规定：工资和劳动条件，必须由劳资双方自主决定。一旦这些协议成了白纸黑字，便具法律效力，在劳资谈判中，政府不得有任何倾向性。

20 世纪 50 年代，西德经济飞速发展，实现了贸易顺差，国民生产总值年平均增长 7.5%，远高于美国的 2.2%、英国的 3.2%、法国的 4%，被称为增长的“黄金时期”。高增长并没有导致高通胀，20 世纪 70 年代，多数西方国家的通胀率达两位数，而联邦德国仅 5% 左右。由于经济的快速增长，失业率大幅下降，人们生活水平显著提高，从第二次世界大战后的饥寒交迫到生活富足，西德仅花了 20 多年时间。

艾哈德就像一位艺术大师，将秩序融于自由之中，汲取二者精华，使联邦德国在战后经济重建中，如鱼得水，发生了翻天覆地的变化，被誉为“世界经济史上的奇迹”。

# 银行独立一波三折

> 在两次世界大战期间，银行如同政府的印钞机，只要政府一声号令，银行就得开足马力印制钞票。货币过量发行，其结果自然是通胀一发不可收拾，经济几近崩溃。由于西德饱受过通胀之苦，有了切肤之痛，战后终于走上了银行独立之路。

传说有一“聚宝盆”：世间万物，只要放置其中，都能被随心所欲地复制无数，让人取之不尽、用之不竭。假若有人得到如此宝物，便可不劳而获、日进斗金。虽说现代科技突飞猛进、日新月异，但至今高科技也未能发明这种产品。不过，20 世纪两次世界大战期间，德国的银行，在政府眼里似乎有点儿像聚宝盆。

平民百姓缺钱时，只能节衣缩食，空捏拳头干着急。而一战时的国君威廉一世，却从不为钱犯愁。当时银行归政府掌管，为了筹集战争资金，发动第一次世界大战，他一声令下，银行就得加班加点开动印钞机。战后，巨额赔款、财政赤字，压得财政喘不过气来。而面对萧条的经济，政府又不忍加大税收，一筹莫展之际，只好让300台印钞机再次开足马力、夜以继日地赶印钞票。由于货币过量发行，物价上涨一发不可收拾。到了1923年11月，1美元所换的马克是战前的1亿倍，一麻袋的钱不够换一份报纸。有识之士指出，银行听令于政府，那么，即便政府头脑发昏、为所欲为，银行亦无可奈何，最终必使金融市场紊乱、引发金融危机。1924年，德国通过了《银行法》，规定银行要与政府分家，并赋予银行独立处理日常业务的权力。

按理说，有了此法，银行本可自立门户过日子，可不幸的是，半路却杀出个程咬金。到了1933年，野心家希特勒上了台，在他看来，法律只是一纸空文。侵略扩张需要大量资金，于是他又打银行的主意，将其视为掌中之物，任意摆布。帝国银行董事福克，对此深感忧虑，担心悲剧重演。1939年，他怀着强烈的责任感，向政府有关部门提交意见书，希望加强银行的独立性。忠言逆耳，这下可捅了马蜂窝。希特勒勃然大怒，下了特别手令，将其逐出帝国银行。

历史有惊人的相似：第二次世界大战结束后，德国又爆发了恶性通货膨胀，帝国马克再度沦为废纸。商店里的货物，不得不用美国香烟标价。这种类似物物交换的方式，使人们生活极其不便。饱受两次通胀之苦后，德国人开始反思，意识到银行必须独立于政府。但好事多磨，德国一分为二后，英、美、法成立的占领局，害怕西德经济强大，给自己造成威胁，1947年，将幸存的

3 家大银行肢解成 30 家，银行权力分散，别说独立于政府，就连资金运作都很困难。没有银行的有效支持，国家复兴鸭步鹅行，步履维艰。随后，占领局也意识到，西德毕竟是同一个阵营的兄弟，发展慢了，还会拖自己的后腿。不久，三大银行又逐步得以恢复，银行独立于是有了坚实的基础。

每次历史变革，总有一些风云人物的推动。福克当年被炒鱿鱼，恰好表明他与众不同，不仅具有远见卓识，而且有非凡的金融才能，尤其是他强烈的民族责任感，使他在战后又重新得以重用。从 1948 年到 1958 年，他一直担任西德的州际银行行长。他认为，通货膨胀就如同江湖大盗，无偿掠夺着老百姓的财富、国家的经济基础，若不严加控制，经济根基就会被掏空，金融大厦最终必将倾塌。因此，与其让政府为所欲为、人为地制造通胀，不如让银行独立，把货币真正管起来，以稳定金融、防止通胀、促进经济增长。他在任期间，四处斡旋，奔走呼告，为银行独立立下了赫赫战功。

在福克等人的努力下，1957 年，终于通过《联邦银行法》。该法明确规定，银行与政府相互独立，各司其职。若联邦政府对银行的决定不满，可提意见，或要求推迟表决时间，但延期不超过两周。在这段时间内，如政府能拿出充足的理由，说服银行，银行可改变决议；若政府理由不充分，银行则可自行表决，并且银行决议一旦形成，政府就算心里不痛快，也得依决议行事。同样，银行可参与政府财政计划的讨论，但也没有决定权。联邦政府和联邦银行，共同委托信贷监督局，督察银行具体业务。政府和银行，就像是分了家的弟兄，大家平起平坐，虽然还会相互支持与照应，但是一个管财政、一个管金融，桥归桥、路归路，对方的家事，可以过问、提建议，却不得插手干预。有了法律撑腰，银行终于扬眉吐气，从此，它已不再是一个任人使唤的伙计。

在银行金字塔的顶部，是中央银行委员会，主要由联邦银行行长、各州银行行长组成。其执行机构是管理委员会。金融市场风起云涌、潮涨潮落，尽由这两大委员会掌握。为确保金融政策的连续性，两大委员会的委员任免，政府只有建议权，最终由总统决定；委员们任期为 8 年，是联邦总理任期的两倍。这样一来，总理不能由于身居高位，对银行指手画脚，吆三喝四；银行也不会因畏惧权贵、为留后路，而缩手缩脚。如此一来，银行底气足了，可以秉公执法。就算政府向银行贷款，也不得超过 60 亿马克（含国债），而且该借款只能临时应急，不得拿去弥补财政赤字。政府没了银行援手补缺，在做财政预算时，还得仔细掂量，不能随心所欲，否则，赤字过大，就得自食其果。如此一来，因财政支出过大而引起的通胀，从根本上被遏制住了。

战后，饱受通胀之苦的西德，走上了银行独立之路。从此，银行在战后重建、稳定金融方面，大显身手。“二战”刚结束，为筹集重建资金、帮助企业渡过难关，银行倾囊相助。发放贷款时，考虑的不是企业现有资产，而是看其历史成就、发展潜力。所以，有的企业所得贷款，往往是其账面资金的 10—20 倍。卡尔·蔡斯光学仪器厂，“二战”时，所有的厂房被盟军炸成瓦砾，但因它有 100 多名技术人员和管理人员，获得了 1.2 亿马克贷款。

巨额的资金投入，为经济复苏注入了新鲜血液。企业也不负所望，经营状况好转后，连本带利奉还银行。原本担心债务回收的人，事后不得不佩服此举的胆识与气魄。

随着银行业的发展，实力日益增强，银行不再是弱者，而成为经济生活的主角。福克以稳定物价为首要目标，协同经济部长艾哈德、财政部长费舍尔，推行紧缩性财政、货币政策。1950 年，物价趋向稳定，德国马克也日益坚挺。由于西德银行积攒了大量的黄金和美元，在欧洲支付同盟中，有 73 亿美元的余额，1958 年，德国马克被宣布为自由兑换货币，成了世界金融市场上的硬通货。然而，也就在同一年，被报界称为“马克的监护人”的福克，却撒手人寰。第二年，州际银行改为联邦银行，继任者布勒辛，秉承了福克的作风，继续以稳定金融为己任。20 世纪 70 年代，虽然受石油危机影响，西方国家通胀率普遍提高，但联邦德国的通胀率，用消费物价衡量，仅 1.5%，在国际经合组织中最低。德国马克至今依然是最坚挺的货币之一。如若福克地下有知，也该含笑九泉了。

## 东部改革拉开帷幕

> 事实证明，东德的计划经济，最终没敌过西德的市场经济。物竞天择、适者生存，西德利用经济优势，大力推动统一进程。1989年11月，柏林墙被推倒，次年10月3日，东德以5个州的身份正式并入西德。从此，德国拉开了对东部进行大规模市场经济改造的帷幕。

“二战”结束后，德国分解为东德与西德两个国家。东德从苏联老大哥那里，引进了一套完整的计划经济模式。平心而论，这个模式曾让东德受益不少，并使其一度成为东欧的“优等生”。可到了20世纪70年代，计划体制的弊端却渐渐显露出来。1989年11月，柏林墙被推倒，次年10月3日，东德以5个州的身份正式并入西德。如此无奈之举，显然有其深刻的政治背景，但其背后的经济原因，也同样值得深思。

1949 年，民主德国刚建成时，执政的统一社会党，搞经济还是新手。苏联作为社会主义的老大哥，自然不能袖手旁观，而东德也有心学习苏联，这样一拍即合，计划经济便在东德扎下了根：生产资料归国家所有，其他所有制被视为异物；指令性计划包罗万象，自上而下一竿子插到底。这种高度集权的体制模式，不仅使企业失去自主权，劳动者不思进取，经济发展也没了动力。对这个问题，政府其实早有察觉，并且也曾试探性地进行过改革。1963 年，东德通过了《国民经济计划与管理新体制准则》，决定减少行政干预、适当地发展私有经济。可改革涉及许多人的利益，引发一系列社会矛盾。而当某些矛盾被激化时，统一社会党却准备不足，并认为是改革惹的祸，于是不久又将“方向盘”扭向计划这一边。1972 年，手工业生产合作社、公私合营企业，又统统改成国营企业。到了许多社会主义国家开始减少计划比重，但统一党领袖昂纳克却故步自封，拒绝改革。80 年代，东德的国民净产值中，国营的仍占 96.4%。差不多有 40 年的时间，东德始终没有跳出计划经济的框框。

“二战”后，以苏联为首的一些社会主义国家，组成经济同盟——经互会。在经互会这个大家庭中，东德像个小弟弟，出口什么、出口多少，都有人关照。东德 70% 的外贸，在会员国间进行，既不愁销路，也不用参与国际市场竞争。但温室里毕竟长不出大树，东德在经互会呵护下，终日不见风雨，长期与外界脱离了联系，结果，科技创新能力每况愈下。东德刚建国时，它的机械制造工艺十分精良，在国际上名声不小，可由于缺少技术革新，到了 80

年代后期，已沦为三等品。经互会的封闭合作体制，使东德处处被动，生存本能渐渐衰退，尤其在外贸方面，是丫鬟拿钥匙——当家不做主。由于没有自主权，总是听人使唤，结果受制于人，处境变得日益艰难。

在计划经济体制下，东德政府对内就如同慈祥的父亲，家里家外、事无巨细，件件包办。通过物价补贴，东德的食品、水电价格 30 年不变，交通费很低，教育、医疗全部免费。这些支出，每年高达 500 亿—600 亿东德马克，财政为此负债累累，到了 1990 年，东德外债为 206 亿美元。按说政府忍辱负重、操碎了心，民众本应感恩戴德，但事与愿违，老百姓却端起碗来吃肉，放下筷子骂娘。由于畸形发展重工业，致使消费品严重供不应求，而由于物价过低，投资者无利可图，又反过来雪上加霜，使消费品更加短缺。居民有钱买不到东西，日常消费品，也一应按计划供应。国营大商场里，通常空空如也；蔬菜市场上，也仅售苹果和白菜；东德小轿车不仅性能差，而且产量少。谁要想买车，就得提前 10 年预定。

与东德相反，西德实行的是社会市场经济体制。在这里，人民生活富足，经济繁荣。每当夜晚，人们从柏林墙往西看，灯火辉煌、人头攒动，好不热闹；而往东看，则冷冷清清，满目萧条。鲜明的反差，使东德人好生羡慕。物竞天择、适者生存，高耸的柏林墙，没有挡住东德人对市场经济的向往。因为事实证明，东德的计划经济，的确比不过西德的市场经济。另一方面，西德又利用其经济优势，大力推动统一进程。于是柏林墙被推倒，也就是情理之中的事了。1990 年 10 月，东、西德完成统一，以此为契机，德国拉开了对东部进行大规模市场经济改造的帷幕。

要搞市场经济，就得发挥价格机制、货币政策的作用。东德原先的价格补贴，扭曲了价格体系，不能反映供求状况。从 1990 年 7 月起，按相应的比例，德国将原东德马克替换为西德马克。货币统一后，东西部的贸易更为便利，加速了相互融合的进程。与此同时，东部还无条件地接受了西部的价格体系，原先被扭曲的价格，又被矫正回来。货币与银行休戚相关，原东德的金融业归政府管理，国家银行兼有商业银行职能，银行体系很不健全。德国统一后，立马对东部的国家银行动了手术，不仅收回了货币发行权，而且把原来的商业银行职能也剥离了出来。此外，通过增加银行网点，兴办合资银行，使货币流通渐渐归于正常，中央银行的货币政策开始发挥效力。

东、西德统一后，东部企业日子并不好过：随着苏联解体、东欧剧变、经互会解散，出口大幅下降；西部商品物美价廉，不断冲击东部市场；由于不再实行物价补贴，企业销售成本上升。如此一来，国企不仅不能为政府创造利润，反而成了包袱。于是为减轻负担，原东德政府、企业，西德的经济管理人员，联手组成“国营企业信托管理局”，其任务是将国有资产私有化。1994 年年底，14000 家国企完成转制，3600 家被关闭，剩下的 60 家，转给联邦统一特殊任务局托管。随着国企不断改换门庭，东部的农业也同步跟进，实现了私有化。私有化完成后，企业摆脱了行政束缚，加之市场竞争的驱动，一批企业开始焕发出生机与活力。

经济转轨，政府当然责无旁贷。不过，在市场经济下，政府干预经济，只能通过财政、货币政策等经济杠杆，改善经济环境，拓展增长空间。有人估计，相对于西部，东部的基础设施至少落后了20年。为缩小差距，从1991年到1995年，政府共投入8480亿马克，帮助东部建设。从统一到1997年，东部修建公路1.1万公里，铁路5000公里，电话增加了3倍多。同时，政府还采用税收优惠、加速资本折旧、贷款担保等措施，以吸引各路资金。这一招果然灵验，西部的大公司，纷纷来到东部，或是兴办企业，或是增设网点。如西门子公司，先后在东部开发了20个项目，投资达10亿马克；而大众汽车公司，在东部一举投资了近50亿马克。

德国刚统一时，东部居民的收入相当于西部的44%，1994年，该比例提高到69%；1991—1995年，东部的国民生产总值增长率约8%，成了欧洲经济增长最快的地区。但是，经济转轨，不可能一帆风顺，更不可能一蹴而就。往东部大量输血，不仅使政府债台高筑；而且企业私有化后，富余人员被解雇，形成了一批失业大军。目前东西部的经济差距，依然不小，东部人在德国，仿佛还是“二等公民”。毕竟东德搞计划经济40多年，积重难返，东部要想与西部齐头并进，看来尚需时日。

# 日本经济

▲

“官”转“民”的工业化历程

产业政策推动经济赶超

老有所养的社会福利制度

农协托起经济一片天

“收获型”科技发展战略

人本管理与“三件神器”

泡沫经济引发经济衰退

▲

# “官”转“民”的工业化历程

日本企业从“官办”到“民营”，一着棋对，满盘皆活。19 世纪 80 年代中期，日本民间掀起了产业革命的高潮。民营企业从纺织业开始，迅速扩大到其他产业部门。原本受制于人的岛国，几十年间便成了亚洲第一工业强国。

1853 年 7 月 8 日，四艘美国军舰闯进江户湾，打开日本国门。欧洲列强随即蜂拥而至，大和民族面临亡国灭种的危险。日本民众认为，国运衰落，民族蒙羞，皆因幕府将军弄权乱政，“攘夷”必先“倒幕”。15 年后，重掌实权的天皇睦仁改元“明治”，带领国民变法维新，希望能“富国强兵”。无工不富，国富才能兵强。“殖产兴业”成了“明治维新”的重头戏。如何变农业国为工业国？新政府也没有底，于是边学边干，摸着石头过河，走出了一条从“官办”到“民营”的工业化之路。

要想干，先得看。为了摸清列强的底细，日本政府下了血本。除了必要的留守人员外，政府要员倾巢而出，耗资数百万，历时22个月，遍访欧美12国。发达的西方工业，让日本政要眼红心热，寝食难安。着急归着急，官员们也明白，冰冻三尺，非一日之寒。欧美的工业化，是用了一百多年才完成的。可形势不同啊，人家当年既无内忧，又无外患，可以一步一个脚印自由发展，如果日本也这样搞，没等到工业化，保准先让人家给殖民化了。既然已是先天不足，只好猛吃补药，把外边现成的好东西一股脑儿全拿来。办工业可不是儿戏，资金、技术、人才缺一不可。一起首就由民间办，谁也没那个能耐。政府只得先吃螃蟹，把企业搞起来再说。

“炉火照天地，红星乱紫烟”。官员们一回国，就热火朝天干了起来。大藏省牵头组织、筹措、调配资金；工部省主管军工、铁路、矿山、机械制造；内务省和开拓省负责抓纺织、农场、牧场，一大批官办“模范工厂”很快就建成了。办企业钱从哪里来？政府找了三条门路：增印钞票、发行公债、对外掠夺。从1869年到1880年，银行增发纸币1.64亿日元；政府通过发公债募集资金1250万日元；1874年日本侵略中国台湾，勒索白银50万两，1876年以后的十几年中，又掠夺朝鲜大米，套购了835万日元的黄金。钱的问题解决了，技术也得全面引进：关口制造所订购的是英国机器，釜石铁矿买了德国设备，长崎制铁所用的是法国机器……不管哪个国家，只要是最先进的，日本国就大大地欢迎。人才是办企业的关键，政府在这方面投入最大。洋设备买来了不会装、不会用，那就请洋师傅来指教。工部省在1874年一次就拨款76万日元，聘请了近500名外国专家。当时国内部长级官员一个月才领500日元，外籍专家平均拿到800日元以上，最高的每月2500日元。这边请进来，那边派出去。从1870年开始，三年内选派了722名留学生，1880年以后，这些喝过洋墨水的秀才们陆续归国，又过了9年，外国专家就全被解聘了。请进来、派出去，这都是应急的办法，办教育才是出人才的“源头活水”。天皇签发了“文明开化”的谕旨，政府随即颁布“学制令”。财政尽管已捉襟见肘，还是勒紧腰带，挤出经费，大办教育。1871年设立文部省，掌管教育改革，推行强制性初级义务教育，三年内就建立了普通、师范、实业学校分类教育体系。居住日本的洋人们惊奇地发现，短短几年工夫，不论是繁华的城市，还是偏僻的乡村，最好的建筑竟然全是学校。

日本政府挑头办企业，目的是“示以实利，以诱人民”。可这些官办企业偏偏不争气，有的刚开工就下了马，有的入不敷出，惨淡经营，更多的是赔本赚吆喝，成了吃财政补贴的无底洞。这是怎么回事？有头脑的政府要员们一琢磨，闹了半天麻烦就出在“官办”上。内阁考察各部门政绩，主要看进了几套设备，聘了多少洋教头，办了多少家工厂。至于效益，一时也看不出来，不好量化考评。各部门则选派自己的“骨干”去管企业，这些人在原单位是把好手，可管起企业来，却是外行指导内行。再加上他们的工资由“上头”拨，企业赔了还是赚了，管理者毫发无损。企业的隶属关系也不明晰，一家企业几个婆婆，管理混乱，效率低下。

官办企业开初几年有财政帮衬，尚能勉力维持，时间一长，财政就吃不消了。日本政府也有自己的难处：为了“倒幕尊王”，把德川幕府庆喜将军赶下台，花了 2 亿军饷；为了消除新政权隐患，让武士们“转业”，用掉了 5 亿元安置费；明治十年又在西南平叛，费了不少银子；再加上办工厂花的钱，政府欠了一屁股债。本想从农民身上打主意，先搞土地私有，刺激生产，再搞地税改革，以农养工，可种田人又要闹事。再增发钞票更行不通，物价飞涨，人心不稳，说不定哪天老百姓就把官员们赶下台。“官办”的路实在走不下去，于是政府只得改弦更张，实行“民营”。

1880 年日本政府颁布《处理官营企业条例》，除了兵工厂、造币厂等关键行业，其他“模范工厂”全都卖给了私人。“旧时王谢堂前燕，飞入寻常百姓家。”政府卖企业很有讲究，不是零打碎敲分开卖，而是一次转手，当然也只有那些有经济实力、有背景的“政商”才能中标。售卖方案出奇的优惠，不仅价格低，而且可以分期付款。企业易主只是第一步，政府并没有一卖了之，而是大操闲心。也就是说，这些企业虽然“民营”了，但还享受“官助”。《处理官营企业条例》颁布后，政府又一次次开出优惠清单：巨额补贴、出口奖励、进口优先、提供贷款、减免企业税、鼓励竞争、消除地区封锁……爱屋及乌，其他“民营”企业也都享受了政府的关怀，“民营”企业在政府怀抱里茁壮成长。

三菱会社的发迹，是这次企业官转民浪潮的缩影。日本被迫“开港”之后，英、美航运公司纷纷进军日本。为了振兴本国航运业，日本政府搞了一家官办的“邮便蒸汽船会社”，由于效率低、运费贵，经营每况愈下。1874 年日本攻打“台湾”，本指望让它出出力，可这家官办会社竟然推手不干。转而求助英、美，人家又不愿蹚中、日开战的浑水。正在政府犯头疼的当口，“民营”企业三菱会社自告奋勇，报效朝廷。仗打胜了，政府也弄明白了，原来“民营”企业也能担当重任。于是，大藏省所属的船只，连同“官办”邮便蒸汽船会社的全部家当，全都无偿给了三菱。明治政府还先后三次颁发“命令书”，明确了政府与三菱会社双方的责、权、利。在政府的扶持下，三菱打败了英、美航运公司，成为日本海运业的霸主。

日本企业从“官办”到“民营”，一着棋对，满盘皆活。19 世纪 80 年代中期，日本民间掀起了产业革命的高潮。民营企业从纺织业开始，迅速扩大到其他产业部门。原本受制于人的岛国，几十年间便成了亚洲第一工业强国。日本政府拿“民营”企业交的税，大办军事工业，于 1894 年和 1904 年，先后打败大清帝国和沙皇俄国，“脱亚入欧”，成为一个地处亚洲，却名列西方强国之林的经济大国。

# 产业政策推动经济赶超

> 日本政府的产业政策，就像“管家婆”，对企业的事管得太宽、太细，以致人们称“日本的经济模式非驴非马，只能算半拉子市场经济”。可日本政府认为，既然要赶超，方向对，速度快最重要，至于起跑动作是否正确，姿势是否雅观，反倒无足轻重。

第二次世界大战后的日本，哀鸿遍野，满目疮痍。近一半国民财富毁于战火，工业生产不到战前的 1/5，1300 多万人失去了工作。20 多年后，曾经一败涂地的亚洲岛国，重又站了起来。1955—1973 年，日本经济连续 18 年高速增长，国民生产总值先后超过英、法、德、苏，成为全球第二号经济大国。作为一个“后起”国家，日本经济走的是“赶超型”的路子。所谓赶超，就好比赛跑，既要速度快，又须走捷径。要把各方力量聚集起来，往一个方向奔，单靠市场机制，显然行不通。日本政府审时度势，运用“产业政策”，导演了一出赶超西方强国的好戏。

日本政府制定产业政策，讲究的是抓要害，保重点。战败后，老百姓衣食无着，企业纷纷转产消费品，以解燃眉之急。日本当局认为，这种头痛医头、脚痛医脚的办法，解决不了根本问题。生产消费品需要原料，战争期间国内产一点，不够可以到国外去抢。现在军队没了，大家都去做产成品，原料接济不上，等米下锅总不是办法。1946 年 12 月，吉田政府制订“倾斜生产计划”，大力扶持煤炭和钢铁生产，以这两个行业为杠杆，推动电力、化肥、运输业发展，带动整个经济良性循环。计划推行了 3 年，日本工矿业生产恢复到战前的 81.6%，机械制造超过了战前水平。倾斜生产方式解决了生产中的“瓶颈”问题，为日后的长远发展打下了基础。

50 年代初，日本赢得了一次难得的发展机遇。朝鲜战场，中朝联手与美军刺刀见红，日本大肆为美军生产军需品，坐收渔利，经济总量迅速超过战前水平。好风凭借力，日本政府以此为契机，开始考虑怎样抓住时机，实现经济腾飞。照美国人理解，日本应重点发展劳动密集型产业，投资少，见效快，基础也不错，美、日经济还可以实现“互补”。可日本政府却不是这个心思。给别人做零碎活，填饱肚子打基础可以，干久了就得仰人鼻息，做美国的“二伙计”。发展重工业和化工业，是天下大势所趋，日本眼下要搞是为难一点，但挺过去便会是另一番天地。

1955 年，日本政府通过《经济自立五年计划》，收拢五指，攥起拳头，集中精力发展重化工业，到 60 年代末，日本轻工业比重从 55.8% 下降到 37.8%，重工业从 44.2% 上升到 62.2%，重化工业产品出口占出口总额的 73%。进入 70 年代，日本又把能耗大、污染环境的重化工业转移到海外，在本土大搞知识密集型产业，80 年代中期，日本人均国民生产总值就超过了美国，连续多年居世界榜首。

日本的产业政策，不仅管得宽，而且管得细。对不同生产部门，政府会开出不同的“处方”。比如对成长型企业，则给予扶植和保护。汽车业是一个成功的例子。1952 年，通产省发表“轿车技术合作方针”，对有利于国产化的进口物品实行优惠税制；1954 年通过“外汇配额制”，限制欧美汽车进口；60 年代初，确立了汽车国产化生产体制，采取资金倾斜、价格补贴、加速折旧等办法，鼓励发展精巧型、低油耗、低价位的车型。政府有关部门不仅为汽车行业确定生产标准，还力促国内汽车业合并，实现规模化集约生产。光有车，跑不动也不行。1954—1982 年，日本政府先后实施了 6 个公路建设五年计划，公路投资占计划事业费用的比重，1973—1977 年为 86.4%，1978—1982 年则达到了 98.9%，四通八达的公路网，为汽车业发展提供了空间。稳住了国内市场这一头，还得想办法打开国际市场。70 年代两次石油危机，显示了轻小型汽车发展战略的威力，欧美厂商面对日本汽车的倾销，只有招架之功，全无还手之力。1955—1974 年，日本汽车产量增长 103 倍，1967 年，日本成为世界汽车第二生产大国，70 年代以来，汽车出口量长期无人匹敌。

对衰退型产业，日本政府没有任凭它们日落西山，而是实行了调整、援助并重的产业政策。九州煤矿关闭事件是很典型的例子。曾为主产煤区的九州，到 60 年代已是风光不再。政府决定对区内企业关停并转。决定一公布，10 多万煤矿工人就堵了政府大门。可没多久，工人们就不再闹事了。原来政府自有锦囊妙计。旧矿区被规划成 76 个新工业区，政府制定土地、税收、贷款优惠政策，鼓励外地厂商入区办厂，下岗职工领到了补助金，接受免费培训，政府负责推荐新工作。十多年后，九州已是著名的高新技术产业区。无独有偶，日本的纺织业也一度由盛而衰，政府于是压锭升级，花 3800 亿日元，淘汰过剩设备，限制落后产品。企业鸟枪换炮，赶上了世界纺织业的潮流。

很多西方学者评价说，日本政府的产业政策，就像是“管家婆”，对企业的事管得太宽，日本经济模式非驴非马，只能算半拉子市场经济。可日本政府认为，既然要赶超，那么方向对、速度快最重要，至于起跑动作是否正确，姿势是否雅观，反倒无足轻重，只要跑到前面就成。比如西方国家最强调自由竞争，生产什么，怎样生产，那是企业的事，政府无须过问，不仅如此，如果哪家企业胆敢向自由竞争叫板，政府的反垄断法可从不吃素。与西方国家不同，日本政府和企业向来是一家人。政府愿意闲吃萝卜淡操心，企业也乐得听从政府“指教”。奥妙就在于枪口一致对外，先发展起来再说。为了解决企业资金困难，日本政府可以推行“超额放款”制度，以央行为后盾，鼓励银行把存款全都转为贷款；为了避免外资控制日本企业，日本可以长期封闭资本市场，而在国内实行“小额储蓄免税制度”，动员全社会节衣缩食搞经济；为了使国货不受洋货冲击，可以厚着脸皮顶住国际社会的指责，迟迟不履行关贸总协定成员国的义务；为了使国内产品打进海外市场，政府可以数次修改美国专家帮忙制定的反垄断法，鼓励日本同行组成卡特尔，联手出击；甚至堂堂一国首相出访，也不忘了为企业做推销广告，即使被外电谑称为“半导体首相”也在所不惜。同样是为了超欧赶美，企业界对政府五花八门的规划，一呼百应；半官半民的“业界团体”，也能够既听政府招呼，又替企业说话，弥合政企矛盾……

日本政府制定产业政策，从不“胡来”，还在规范化上做足了文章。打50年代经济复苏时起，政府就着手建立、完善相关法规。到70年代中期，日本已建起完善的经济法规体系，而这一过程，欧美国家却花了近百年时间。单就这一点，日本就可以告诉世界，追赶型的产业政策，绝不是意气用事，要不然，政府指挥棒带出的旋律，少不了经济混乱的杂音。

## 老有所养的社会福利制度

> 过去一家一户养老，全靠一个“孝”字，伦理道德色彩很浓。政府牵头搞养老，再用这套办法，显然行不通。日本的老年社会保障，一开始就走法制化的路子。《国民年金法》《老人福利法》《老人保健法》，恰似三根支柱，撑起了日本老人福利保障体系。

1998年，两位日本老人频频上镜，成了街谈巷议的风云人物。这对孪生姐妹，已经106岁高龄，被国人尊称为“金婆”“银婆”。对许多人来说，人生逾百，颐养天年，是莫大的福分。难怪鹤发童颜的老阿婆，会成为人们艳羡的偶像。其实，20多年来，日本一直是世界第一长寿国，不仅男女平均寿命最高，百岁寿星也堪称全球之最。日本人为何长寿？科学家们各有解释，但有一点不可否认，老有所养，没有后顾之忧，人们自然能延年益寿。而这，又得益于日本独特的老年福利制度。

日本是儒教文化圈里的一员。养儿防老，是大和民族的传统。老子拉扯儿子，儿子抚养老子，天经地义，世代相传。可到了20世纪中叶，情况悄悄变了。第二次世界大战后日本经济飞速发展，人口结构也今非昔比。200年前幕府时代，日本人平均寿命只有20岁，到1963年，60岁以上的日本人达900万。按照国际标准，总人口中65岁以上的超过7%，就划入老龄化社会。1970年，日本成为亚洲第一个老龄化国家。15年后，老龄人口比例升到10.3%。而现在，每4个劳力就得养活一位老人。麻烦不单在这儿。西风东渐，改变了年轻一代的生活方式，晚婚的人越来越多，愿意和老人住在一起的，却越来越少。如何养老，成了普遍的社会问题。对此，政府不能坐视不管，从50年代末起，日本政府便挑起担子，着手解决全社会的养老问题。

过去一家一户养老，全靠一个“孝”字，拍胸脯，凭良心，伦理道德色彩很浓。政府牵头搞养老，再用这套“软约束”的办法，显然行不通。日本的老年社会保障，一开始就走了法制化的路子。《国民年金法》《老人福利法》《老人保健法》，恰似三根支柱，撑起了日本老人福利保障体系。

《国民年金法》1959年颁布。在此之前，实行的是行业年金保险制度。政府把从业人员分成七大块，根据行业特点，确定不同的保险金额。这种办法看似简单省力，却造成行业间苦乐不均，社会覆盖面也太窄，农民和个体户，成了没人管的“另类公民”。《国民年金法》出台后，年满20至60岁的日本人，都被强制参加国民年金体系。政府拿出111亿日元启动资金，此后，国库承担总费用的三分之一，剩下的由行业、个人负担。根据该法，个人缴纳年金满 25 年，且年满 65 岁，便可定期领取养老年金。年金缴纳随通货膨胀浮动，防止了养老金“缩水”。对缴纳年金较短的高龄者，设置老龄基础年金，政府发放特殊养老津贴。生活贫困的公民，可享受减免缴纳比例的照顾。除了国民年金，国家为公务员特设了“互助养老保险”，民间企业雇员还可参加“厚生养老保险”，很多企业设置了“职业养老保险”。各类商业性人寿保险，也得到了政府的支持，满足了不同层次国民的养老需求。

有了《国民年金法》，加上五花八门的保险，老年人不再为吃穿发愁。可怎样安度晚年，却还没有着落。60 年代，日本以超欧赶美为目标，经济发展突飞猛进。在日本老人眼里，儿子成了工作狂，儿媳也出门挣钱，自己被冷落到一边。据当时的“老人问题调查”，60 岁以上的老人，近四成不知如何打发余生，60% 以上的老人靠看电视消磨时光。“养儿防老”的梦破灭了，老人们备感孤独。这一时期，据说日本高龄者每天就有 16 人自杀。主管社会保障的厚生省官员们，思来想去拿不出好办法，只好照搬西方国家的经验，大搞社会福利设施。也恰恰在那段时间，京都、奈良等地的养老院，因年久失修，相继发生事故，政府便以此为契机，于 1963 年 7 月颁布《老人福利法》，推行养老社会化。厚生省率先建起“样板”福利院，责成各地依葫芦画瓢，大建养老设施，所用经费 75% 由国库支付，25% 由地方政府负担。1969 年，东京率先对 65 岁以上的老人实行免费医疗，1973 年，老人免费医疗，作为国策在全国推行。与此同时，高龄者自发建立的社会组织，也在各地纷纷涌现。政府官员们松了口气，认为日本只用了很短的时间，就建成了“西式”的老年福利社会。

西方的养老模式，在日本推行了几年，渐渐水土不服。原来，日本老人的家庭观念特别重，住进养老院，虽然衣食无忧，却少了天伦之乐。没有儿孙绕膝，子女侍奉，老人们备感孤独。他们常常呆立窗前，向老宅眺望，有的甚至郁郁而终。政府花钱出力建了福利设施，老人们却不领情。起初大受欢迎的免费医疗，也屡遭抱怨。既然一过65岁，看病就不用自己掏钱，很多人冲这一条，有事没事到医院绕一圈，真正要看病的，却要排队等号。医生逮住高价药大开特开，病人高兴，医院搞了创收，财政却叫苦不迭。这些问题引起日本政府的反思。看来，简单地移植西方养老模式，并非明智之举，要想把好事办好，还得立足国情，创造日本型的养老体制。

1982 年，《老人保健法》出台，日本老人福利政策的重心，开始发生转移。这项法律和 1989 年制定的“黄金计划”，以居家养老、居宅看护为发展方向，构建了具有日本特色的“居家养老”模式。由政府出资，培训 10 万家庭护理员，负责看护老人、处理家务；普及托老所，提供短期入住、看护、治疗；设立 70 亿日元的长寿福利社会基金，推出“银色住宅计划”，开发了一批低价位的“三代同堂”式住宅，对愿意入住的家庭，提供优惠贷款。同时，鼓励发展民间福利机构，推动老年保障社会化、多元化。政府对免费医疗制度进行改革，把保障年龄延长到 70 岁，并由完全免费改为适当收费。同时，倡导全民保健，提出“40 岁保健，

70岁医疗”方案，年满40岁的国民，可享受免费体检、保健治疗，保健重于医疗，日本国民的保健意识大大增强。

政府办福利，时间长了，难免力不从心。天下没有免费的午餐。政府补给老人的钱，还得纳税人买单。可增税也不是长久之计，这样一来，把养老基金管好用好，就需要政府多费心思。日本的养老保险基金，纳入国家预算，由财政统一调配。进行长期投资，需要由国会决议，确保能够本利回收。从战后到70年代，基金大量投入产业部门，获利不菲；70年代以后，基金又投向国债、金融债券市场，规模越来越大。财政精打细算，不仅实现了基金保值增值，还把“死”钱变成“活”钱，推动产业升级，涵养税源，促进了经济良性循环。政府也跳出了“增税—补贴”的怪圈，把钱用在老人们关注的新热点上，老年福利这块蛋糕，也越做越大。当然，受益最多的，还是日本国民——现在和将来的老人们。

## 农协托起经济一片天

要推广农业专业化经营，就必须把一家一户农民组织起来。对此，政府有心无力，于是，日本农协当仁不让，在市场和农民之间，当起了管家的角色。从大的方面说，农协的业务大体有四项：生产指导、组织流通、信用服务和开展互助共济。

俗话说，无农不稳，无工不富。农业这个人类最古老的产业，今天仍然备受各国政府关注。即便是发达的工业国家，也不敢轻易放弃种地的营生。像日本，汽车、电器行销世界，满可以用换回的日元，到国际市场购粮买菜，可日本的农民，稻田还是年年栽，果蔬照样季季种，而且同城里人相比，日子过得也不算差。农业本是弱质产业，在一个工业大国之所以能够立足，除了政府的关照外，独具特色的日本农协组织，发挥了举足轻重的作用。

日本政府当初组建农协，其实也是出于无奈。第二次世界大战后，日本百业凋敝，民不聊生。作为战败国，饱尝了失道寡助的滋味，内外交困，苦不堪言。当时，就连首都东京，库存粮食也仅够支撑一个半月，居民的粮食定量，每人一天只有一小碗米。解决吃饭问题，得靠增加粮食产量，要增产，全仰仗种田人出力。为调动农民的积极性，日本政府大搞农地改革，规定私人占有土地不得超过 1 公顷，对地主手里多出的土地，国家强行收买，再出让给无地农民。这样一来，81%的贫雇农成了自耕农。农民分田分地，自然喜出望外，可乍碰上这种天上掉馅饼的好事，反觉得睡觉也不踏实了。为了让农民吃上定心丸，日本政府于 1947 年出台《农业协同合作法》，从上到下，层层建立农协组织，为农民撑腰说话，壮胆打气。土地分下去，粮食便多起来，可粮多了收不上来也不行，农协又成了政府的催收员，一头动员农民交粮食，一头看住粮贩不准私收乱卖，这活一干就是 20 多年。

60 年代末，日本粮食连年丰收，政府已无力照单全收，随着经济持续走高，日元不断升值，买粮反比种粮更划算。农业逐渐门庭冷落，无人问津。日本政府审时度势，于 1970 年制定了《综合农政的基本方针》，实施产业结构调整，促进土地流转，推广专业化经营。农协的角色开始发生转换，一头连起农民，一头接起市场，由原来的“二政府”，变成了农民的“大管家”。

日本的农协组织，自上而下，分为三个层次，处于最基层的是市町村农协，习惯上叫单位农协。都道府县建立的是地方农协，称作“县联”；农协的全国性组织，按照业务不同，各立门户。与农民打交道最多的，是单位农协。在日本农村，它的触角无处不在，无论是插秧割稻卖粮，还是农民生老病死，单位农协一揽子全包。零碎事虽多，但从大的方面说，农协的业务大体有四项：生产指导、组织流通、信用服务和开展互助共济。

日本耕地少，土地瘠薄细碎，大农场的经营方式推不开，靠一家一户单兵作战，农业生产本没有多少优势可言。随着国内农产品市场对外放开，农业的外部压力越来越大。怎样才能提高农业效益，增加农民收入？日本政府认为，实行专业化集约经营，是农业的根本出路。主意虽好，可落实起来却很难。要推广农业专业化经营，就必须把一家一户农民组织起来。对此，政府有心无力，做不好也做不了。而与农民打交道，正是农协的老本行。于是，日本政府把大量的涉农业务，委托给农协经办，农协也当仁不让，不负厚望，一出手就不同凡响。围绕着专业化，农协开展了全方位的生产指导。大到农业发展总体规划，小到农户选种育苗、打药追肥，农协都一手操办，费尽心思。农协设有“营农指导机构”，聘用营农指导员，走村串户，提供信息，帮助农民制定增收计划，推广新品种、新技术，手把手地解决生产中遇到的问题。在日本，许多农业基础设施，如育苗基地、孵化厂、冷藏库、饲料厂，都是农协张罗，以保本价为农民提供服务。有的新产品、新技术，农民一时接受不了，农协甚至实行免费试用。近些年来，日本农村青壮劳力不断涌向城市，在地里干活的，除了老人便是妇女，对重体力活，他们常常吃不消。对此，农协又伸出援手，把这些活接了过来。这一交一接，无形中便实现了集约经营，优良品种、先进的耕作方式、新型农机具，便通过农协接手的业务，间接传到了农民手里。

农民要增收，重要的是在产销两头做文章。为了帮助农民降低生产成本，国家、地方、基层三级农协联起手来，开展生产资料订购业务。基层农协将农民的订单层层上报，由农协的全国性组织筛选厂家，以低价格批量订货，农户从农协手中买到的东西，往往比市价低很多。但农民购买生产资料，不光要价廉，而且要物美。全国农协 1972 年专门建立了农技中心，除了培训农技人员外，一项重要任务，就是对货物进行检验，确保经过农协的手，交给农户的都是优质品。农产品销售难，很多国家的农民深有体会。日本农协知难而进，当起了几百万农民的集团军司令。基层农协建起了农产品集贸所，负责当地农产品集中、挑选、包装、冷藏，然后组织上市。每天清晨，当城里人还在熟睡时，各地的特色农产品，就已由农协组织运到了货场。农产品的销售，通常采取竞卖的办法，只有那些出价高、信誉好的批发商，才能拿到出货单。目前日本农协系统共有集货所几千个，此外还有不少全国运输联合会，下设庞大的运输组织，农产品保鲜度高了，不愁城里人不掏腰包。

如果算经济账，农协在生产指导和流通业务方面，确实贴了不少钱，但正因为有它这个“冤大头”撑着，日本农业才告别传统的经营方式，农民也不再守着一亩三分地过日子。轻劳作、反季节、优品种、高收入，成了现代日本农业的典型特征。

人们不愿种田，有一个重要原因，是产前投入大，生产周期长，同时风险也大。可不是，买种子，购肥料，添机具，请帮手，还没见粮食的影，钱先花出去一大把。像欧美的大农场主，家底厚实，在银行的信用又好，钱这方面不成问题。但在以农户为主的日本，农业生产资金解决不好，就会带来大麻烦。于是为农民提供信用服务，顺理成章变成农协的业务。日本农协的信用机构，存款利率通常略高于私人银行，而贷款利率，又尽可能提供优惠。由于客户多，存贷款量大，加上农信机构实行多角经营，业务开展得红红火火，不仅给农民解了难，也为各级农协增加了收入。

厚生共济，是政府交办的一项重要业务。在这方面，农协的服务范围，从摇篮到坟墓，既提供生活指导，也操持婚丧嫁娶等红白喜事。同时，采取向农民收一块，农协补一块的办法，开展扶贫济困。从老年农民的福利，到农村社区建设，农协可谓无处不在。在日本农民眼里，农协似乎成了无所不能、法力无边的保护神。

## “收获型”科技发展战略

第二次世界大战以后，日本推行“收获型”科技发展战略，仅用 20 年时间，就赶上了世界发达国家的技术水平。但到 70 年代中期，这条路却走到了尽头。80 年代，日本提出了“科技立国”的发展战略。谁能断言，在未来的科技竞争中，日本人成不了赢家呢?

古希腊有个“不死鸟”的神话，说的是一只鸟在烈焰中如何脱胎换骨、重获新生的事。类似的故事，在东方佛教里，称作凤凰涅槃。战后日本经济，就如同那“不死鸟”，也创造了一个新的神话。在战后很长一段时间里，不仅保持了高经济增长率，而且人均增长幅度，一度达到美国的 9 倍。世人在艳羡之余，不禁想弄明白: 究竟是什么神奇的力量，推动日本经济持续高速增长?

早在 50 年代后期，美国人就开始对这个问题进行研究。当时，日本经济崭露头角，年增长率达到 22.8%，而美国经济增速却年年放缓，这引起了美国人的不安。治病先查病根，要促进经济增长，先得搞清经济增长背后的原因。1962 年，美国经济学家丹尼森通过对 1929—1948 年美国经济的深入研究，得出了一个惊人的结论：在这 19 年中美国经济增长，资本和劳动增长的贡献率只有 48%，其余 52%，分别来自规模经济、资源配置和知识进展。其中，科技的贡献率，最高时竟然达到 39%！可是到了 50 年代，这一比率却逐年下降。而远隔重洋的日本，经济之所以蒸蒸日上，正是在科技转化成生产力上，一步步追了上来。

日本能有今天的实力，是靠技术引进起的家。众所周知，日本国土狭小，人口稠密，资源相对不足，第二次世界大战又留下一个烂摊子，如果关起门来搞建设，别说强国富民，短期内想恢复元气都很难。古人说，置之死地而后生。日本政府在困境之中，找到了一条生路——贸易立国：进口原料，出口产品，靠赚取两者之间的差价，求生存、谋发展。可是，要把产品打出去，并不是件容易事。周边国家对日本恨之入骨，巴不得它永世不得翻身，自然要抵制日货。西方国家的市场，又是美国货横行天下。而且旷日持久的战争，中断了日本的对外技术交流，日本国内的民用生产，技术落后，设备陈旧，很难拿出像样的产品。在当时的情况下，要实现贸易立国，最明智的办法，莫过于把国外先进的技术引进来，边学边干，借脑生财。

70 年代中期以前，日本在科技发展方面，一直推行吸收加改进的“收获型”战略。这一战略有两个特点。一是“小科学”“大技术”。基础理论研究、尖端技术开发，日本人无心为之，原因很简单，周期长、见效慢、投入多、风险大，不如让给西方人去搞。但对实用技术，特别是能够推动产业升级的关键技术，日本人却不放过。1950—1972年间，日本引进技术的代价是36亿美元，仅相当于同期美国科研经费的1%，但它的实际价值，却是引进费的55倍。到60年代末，日本与欧美的技术差距已基本消除，在钢铁、汽车、家电、机器人等产业，日本技术居世界领先地位。

“收获型”战略的另一特点，是注重技术的商业价值，在离产品最近的地方下工夫。半导体技术本是美国人的发明，美国用它造飞船、造导弹，日本人却把它制成电子表，进军瑞士手表市场，做成傻瓜相机，挤占德国相机市场；美国的太阳能刚刚走出实验室，日本人便生产出太阳能计算机，并很快风靡全世界。日本企业界戏称，这些技术是“美国开花，日本结果”，得来全不费工夫。

日本人信奉“综合就是创新”，对国外技术不是照搬照抄，简单模仿，而是博采众长，结合日本实际加以改造，形成自己的特色。本田公司是日本的著名企业，靠生产摩托车起家。1952年公司组成考察组，走遍主要发达国家，花了几百万美元，搞到几十种最新发动机样机，回国后经过数百次试验，造出了世界最好的发动机。3年后，本田摩托就占领了国际市场。松下公司的创始人松下幸之助，引进了300多项新技术，他开发的电视机，每个零件技术都是人家的，甚至连线路图也是买来的。尽管每卖出一台电视，要交付专利费用1000多日元，但带来的收益却是专利费的上百倍。

“收获型”科技发展战略，使日本仅用了20年时间，就赶上了世界发达国家的技术水平。但到了70年代中期，这条路却走到了尽头。日本人突然发现，自己已同欧美国家站在同一起跑线上，技术引进的空间越来越小。长期重引进、轻研究，重应用、轻基础，使日本没有自己独立完整的科研体系，科技发展的后劲明显不足。强烈的危机感促使政府调整思路，决定走“播种型”科技发展道路，并于1980年正式提出了“科技立国”的新战略。

“科技立国”战略的目标，是建立完善的科研体制，形成自主开发尖端技术的能力。自80年代开始，日本的科研、教育投资占GDP的比重，连续多年超过美国。日本政府专门设置科学技术厅，组建国家基础研究中心，建立产、学、研官民一体化的科研体制，鼓励企业设立研究机构，自主开发新产品。通产省还出台优惠政策，对各公司推出的创新产品，可以得到研究费用25%的减税待遇。应该说，这些新的科技政策，为日本经济的发展注入了新的活力。到80年代末，日本的技术出口，比10年前增加了9.6倍，其中尖端技术产品所占比重，1989年达到32.1%，超过欧美所有发达国家。尽管日本的经济规模只及美国的一半，但出口的高技术产品已超过美国，并在世界贸易总额中占17%的份额。90年代初，日本每年获专利34万件，占全世界的1/4，成了名副其实的专利大国。

世事如棋，变幻莫测。20世纪最后10年，当日本人为自己的成就沾沾自喜时，蓄势多年的美国，却一飞冲天，在全球掀起了IT产业的浪潮。在这场新技术革命中，日本人节节败退，加上国内泡沫经济的崩溃，大有兵败如山倒之势。技术创新这台发动机，是不是该“大修”了？日本人发出了疑问。但更多的有识之士，开始从失败中总结教训。他们认为，科技立国战略没有错，问题出在体制上。科技创新需要人，需要资金，更需要政府提供宽松的环境。政府对科技投入不少，但管得太宽、太细，民办机构的科技创新，始终热不起来；国家把居民的投资引向储蓄，使风险大、收益高的高科技产业，难以寻到资金支持；企业文化推崇的是敬业奉献，冒险、创业意识日渐泯灭。在激烈的国际竞争中，日本要立于不败之地，首先要做的，是清除积弊，重建科技创新体制。

令日本人稍感宽慰的是，最近几届内阁先后承诺，要拿出当年白手起家的劲头，全力扶持高科技产业，在新的世纪，重振经济雄风。的确，科技曾经为日本创造过奇迹，不过日本人更希望在未来的科技竞争中，他们能继续成为赢家！

## 人本管理与“三件神器”

> 日本企业的管理哲学，强调以人为本。终身雇佣制、年功序列制、企业内工会制度，被称作企业管理的“三件神器”。泡沫经济崩溃后，日本管理模式遇到前所未有的挑战，但若以此断言它已经过时了，恐怕还为时尚早。

有人说，一个日本人是条虫，三个日本人是条龙。此话不免有些夸张，但用来形容日本企业的“团队精神”，倒是比较贴切。在日本，员工大都以厂为家，视企业如生命。同事之间精诚合作，共同维护团体利益。当企业遇到困难，大家抱成一团，同舟共济。对此，外国人既羡慕又费解。其实，人心都是肉长的。日本员工之所以忠诚敬业，是因为企业把员工视为最宝贵的资源。日本企业的管理哲学，强调以人为本。各大公司普遍实行终身雇佣制、年功序列制、企业内工会制度，把员工和企业的利益连为一体。

日本学者认为，上述制度好比“三件神器”，凭借它们的威力，日本企业才得以纵横天下，傲视群雄。

在欧美国家，很少有人在一家公司干一辈子。人员流动性强、劳动力市场发达，企业可以根据需要，保持合理的员工数量，降低经营成本。但让企业头疼的，是自己辛辛苦苦培养的人才，常常会被人挖走。企业投进大把的票子，却替别人做了嫁衣裳。另外，企业遇上萧条，辞退工人容易，但一旦生产恢复正常，想尽快凑齐人手，也并非易事。由于实行终身雇佣制，日本的企业家就不必为此烦心。

终身雇佣制最早可追溯到明治维新后期。当时日本效法欧美，引进先进技术，大办工矿企业，一时间，技术工人格外抢手。为吸引人才，一些大企业不仅开出高薪，还私下允诺，只要企业不倒闭，绝不会辞退工人。第二次世界大战后，日本企业元气大伤，想二次创业，唯一能仰仗的是人力资源，对员工终身雇佣，渐渐成了大企业的惯例。企业给了员工“铁饭碗”，员工也会涌泉相报。在日本，一个人若是“跳槽”，便很难再找到一份好工作。如此一来，企业不必担心人才、技术外流，可放心大胆地把钱花在员工身上，天长日久，这些投资又会成倍地收回。经济不景气时，企业和员工双方更是有情有义，公司很少辞退雇员，职工也会勒紧腰带，群策群力，帮企业渡过难关。这种事不胜枚举。像著名的松下集团，也曾经大面积亏损，当时总裁松下幸之助卧病在床，各级主管经过协商，准备实行“生产减半，工人减半”。松下先生看完提案，亲笔批复：生产即日减半，工人一个不许解雇。根据这条指令，公司实行半日工作制，雇员的工资全额照付。员工们深受感动，不仅工作更加卖力，还义务推销公司产品。短短几个月，库存商品便销售一空，松下电器也很快摆脱了困境。除了松下的做法，日本大企业还普遍采取轮岗制，把员工培养成多面手，遇到某种产品滞销，工人不须费力，很快便能转产。企业开工不足时，企业会解雇临时工，或让正式员工带薪培训，学习新知识、新技术，为转换经营方向提前作准备。

年功序列制，是企业凝聚人心的又一法宝。日本公司的正式员工，从受雇之日起，每隔几年职务便会提一级，待遇也随之水涨船高。在企业干的时间越长，资历越深，职务和收入也就越高。员工的待遇还有一个特点，40 岁以前增长慢，50 岁以后增长快。到了退休年龄，公司一次发给“大红包”，少则数百万，多则数千万，数量十分可观。因此，日本员工从受雇的那天起，就像是在爬梯子，必须从第一阶登起，越往上攀越有诱惑力，直到多年的媳妇熬成婆，才能功成身退颐养天年。在这种制度下，要中途改行是不现实的，因为即使别的企业容纳了你，还得从头再来，以前下的工夫全是白费。

年功序列制不仅使员工对企业忠贞不贰，而且也免除了员工内部窝里斗。实行这项制度，讲究的是先来后到，同时进厂的员工，头 10 年职务、待遇一般拉不开差距，只有在企业服务多年，才有可能接受领导层单独审核。审核不仅对个人的能力、贡献严格评分，还要经多数员工的认可，否则很难破格提拔。这样，后来者没有“踩着别人往上攀”的机会，先来者也要注意与同事打成一片，员工之间的利益冲突小了，相处自然和谐、默契。

日本人工作节奏快、效率高是举世公认的。长期紧张的生活，使员工承受了巨大的心理压力。为了稳定职工情绪，日本企业琢磨了不少点子，比如有些公司专门设置了“宣泄室”，里面放有经营管理者的仿真模型，专供受委屈的雇员踢打解气；一些企业经理甚至与工头提前约好，当着工人的面令其难堪，减少一线职工的抵触情绪……但是真正行之有效，在各企业普遍实行的，还是企业内工会制度。与西方发达国家不同，日本的工会不是跨产业的，多数设置在企业内部。这样，雇员与资方发生争议，很容易在企业内部协商解决。中国有句名言，“皮之不存，毛将焉附”，日本工会深明此理。它既不与资方闹翻脸，又注重为员工争利益，即使矛盾双方一时达不成协议，工会也会动员员工正常工作，以免延误生产、两败俱伤。企业内工会，像是“减压阀”，深受劳资双方欢迎。日本很少有旷日持久的罢工，与实行这一制度不无关系。难怪日本人在美国建汽车厂，要避开工会强大的底特律。他们明白，企业要有竞争力，最明智的办法是减少内耗。

以人为本的企业管理制度，使日本企业受益匪浅。但凡事有利亦有弊，由于长期实行终身雇佣制，日本的大公司患上了“肥胖症”，机构繁多，员工队伍庞大。年功序列制带来了“熬年头”的倾向，对年轻一代员工的吸引力大不如前。早在20世纪80年代初，就有人提出，日本式管理以经济高速增长为依托，一旦经济长期低迷，这种管理方式就难免走进死胡同。果不其然，随着90年代初泡沫经济崩溃，日本企业管理模式也蒙上了阴影。持续十多年的经济下滑，使一大批日本公司不得不忍痛裁员，87000多人离开了效力多年的企业。

为了求生存图发展，有些公司已着手对管理制度进行改革。比如逐步压缩终身雇员数量，试行定期合同制；设立新的职工业绩量化指标，职务晋升与工作年限不再直接挂钩，大胆提拔锐意进取的年轻雇员，推行欧美国家普遍采用的年薪制等。尽管传统的管理模式遇到前所未有的挑战，过半数的日本企业家还是坚持认为，不能凭目前经济不景气，就断言它已过时，对既已形成的各项制度，绝不能轻言放弃。或许他们是明智的，不过，日本管理模式究竟何去何从，人们尚需静观其变。

# 泡沫经济引发经济衰退

日本政府刺激内需的政策，不仅使股市一片飘红，房地产市场也变得热闹非凡。随着泡沫的破裂，日本经济增长神话也成了过眼云烟。日本的泡沫经济，固然有其特殊的外部成因，但财政、金融体制的缺陷，对经济失控更是难辞其咎。

17 世纪 30 年代，一些新奇的郁金香品种，在荷兰花圃问世。这些产量极低、高雅脱俗的花朵，很快成为上流社会的新贵。哪位女士的晚礼服上，别一枝名贵的郁金香，便会成为舞会的亮点。天下攘攘，皆为利往。四面八方的投机客，闻风而动，预订郁金香球茎的合同，买进卖出，价格扶摇直上。可到了花农们准备播种时，原先身价百倍的合同，却成了烫手的山芋。郁金香价格如水银泻地，狂跌难收，交易市场顷刻间崩溃。荷兰郁金香事件，是首例有记载的泡沫经济案例。20 世纪 80 年代，一贯精打细算的日本人，居然也头脑发热，把股票和房地产价格炒上了天，随着泡沫的破裂，日本经济增长神话也成了过眼云烟。

第二次世界大战以后，日本大力发展出口主导型经济，经过20多年苦心经营，到70年代末，电器、汽车等产品大举进军海外，并横扫北美市场。美利坚朝野震动，急商应对之策。他们认为，自己的产品不敌日本货，是因为美元太过坚挺，在价格上人家占了便宜。只有调低美元汇率，才能夺回市场。在“山姆大叔”的软硬兼施下，美元对日元比价连连下调，1985年底为1 ∶ 240，而到了1987年4月，便调低到1 ∶ 140。这下轮到日本人吃不消了，日元升值使日本出口锐减，1986年，国民生产总值同比下降2.8个百分点。日本政府叫苦不迭，后悔当初不该上美国的当。可胳膊拧不过大腿，想把汇率调回去，对方毫不松口。看来，只剩下一条路可走——调整产业方向，发展内需型经济。1986年11月和1987年2月，日本央行两次下调贴现率，鼓励银行放款，刺激新一轮投资。调低利率，放松银根，对企业来说是利好消息。不仅贷款成本降低，原来的债务包袱，也一下子减轻了。各大公司积极调整战略，把老产品转移到低工资国家生产，同时引进新技术，购机器、建厂房，发展新项目，1988—1990年，日本民间设备投资年增14.1%，经济增长速度，又重登西方各国榜首。

日元升值和利率下调，不仅使企业得到更多贷款，还使资金流向发生了其他变化。进入70年代，日本经济一年上一个台阶，对外贸易年年出超。日元升值使外汇盈余骤然膨胀，庞大的过剩资本，急需寻找投资空间。于是，一部分资金流向海外，曼哈顿的摩天大楼、苏格兰的高尔夫球场、波恩的国宾馆、法国的葡萄酒厂，欧美的许多公司，一夜之间换上了日本招牌。还有大量的资金，流进了日本股市。各大证券公司你方唱罢我登场，把股市炒得沸沸扬扬，股价节节攀升。企业红红火火，股市牛气冲天，相形之下，银行存款利率却低得可怜，一向谨小慎微的日本人，终于放开胆子，一拨拨加入炒股大军。1985—1989 年，日本股民增加了 50%，平均每 5 个日本人，就有一人炒股。1987 年，日本股票总市值超过美国，坐上了世界头把交椅。当企业发现从股市圈钱，比干实业来得容易时，大笔的企业资金，也悄悄进入股市。这一时期，日本制造业的年收益，竟有一半来自金融投机。

日本政府刺激内需的政策，不仅使股市一片飘红，房地产市场也变得热闹非凡。各大企业原本就已扩建了厂房，这回在股市里又狠狠赚了一笔，腰包鼓了，人手增加了，自然要考虑多盖几座写字楼，改善一下办公条件。日元一升值，美国货依靠价格优势，杀进日本市场，把日本物价拉了下来。居民手头的钱“硬”了，也想换换房子享受一番。恰在此时，日本政府提出，要把东京建设成“世界都市”，并制定了“休养地法”，鼓励房地产开发。送上门的发财机会，房地产商岂能放过，他们或背靠企业，或依托银行，争先恐后干了起来。东京的土地，历来寸土寸金，这下更加炙手可热，1988年，东京商业用地价格，比两年前上涨3.5倍，日本国内平均地价，也很快上涨了一倍多。日本列岛不过 37 万平方公里，只有美国的 1/25，可到了 1990 年，日本土地总值却比美国多出 4 倍!

股票和房地产价格双双飙升，日本的经济泡沫越吹越大。如果按汇率计算，1988 年日本的 GDP 增长率超过 36.5%，举世为之震惊。过热的经济，终于引起了政府的不安。1989 年 5 月，日本央行连续 5 次大幅度提高利率，对银行资金实施管制；1991 年政府出台“地价税”，土地持有者的税负加重了。紧缩的财政和货币政策，使日本经济迅速降温。1990 年以后的 5 年间，日本全国资产损失达 800 万亿日元，接近两年 GDP 的总和。日本经济陷入战后最长的萧条期。

俗话说，冰冻三尺，非一日之寒。日本的泡沫经济，固然有其特殊的外部成因，但财政、金融体制的缺陷，对经济失控更是难辞其咎。在日本，掌管财政金融大权的大藏省，一贯独断专行，央行成了政府的“二财政”，大事一概做不了主。实行货币扩张政策初见成效后，央行本该见好就收，逐渐提高利率，紧缩通货，但经济增长的“大好形势”，让政府欲罢不忍，错失抑制经济过热的良机。在企业界，政府的手也伸得很长。为了避免国内上市企业被外人收购，政府鼓励企业与银行、企业与企业之间相互持股，联手操纵股价，使外国资金徒劳无功。按照日本的银行制度，贷款以土地为担保，地价虚涨，银行贷款便难以控制。政府把银行和企业绑到一根绳上，股价、地价暴跌，不仅使企业赔个底朝天，银行也难逃厄运，吞下了负债累累的恶果。日本政府的另一败笔，是亲自扶持 8 家住宅专门公司。为了使房地产业成为新的经济增长点，政府为这些公司大开绿灯，在政策上给他们吃足了“小灶”，正是因为有政府撑腰，住宅专门公司才得以放开手脚，把房地产市场搅得天翻地覆。

泡沫经济破裂，使日本财政金融体制的弊端暴露无遗，而此后日本政府对策失当，又令原本萧条的经济雪上加霜。主管国家钱柜的大藏省，不仅不吸取教训，在很长一段时间里，还打肿脸充胖子，对公众封锁银行巨额不良资产的实情，对自己一手造成的住宅专门公司亏损问题，总是讳疾忌医，迟迟不揭盖子。金融改革也是雷声大、雨点小，效果不尽如人意。在经济萧条的阴影下，日本内阁频频换班，治理经济也是东一榔头西一棒槌，乱得没了章法。住宅专门公司的亏空，本该依法清算，政府却当起冤大头，把纳税人的钱拿去填了窟窿。1997 年上半年，政府刚刚推出财政紧缩政策，大幅提高消费税，当年年底又抛出特别减税措施，日本公众无所适从，干脆与政府唱起了对台戏。当世纪的钟声敲响时，日本经济度过了乐极生悲的 10 年。

# 意大利经济

▲

关税大战得不偿失

“欧洲病夫”脱胎换骨

国家参与制居功至伟

中小企业谁与争锋

政府出手促南方经济开发

## 关税大战得不偿失

意大利与法国是近邻，1863 年双方签订友好商约，互通有无，取长补短，关系一直处得不错。可到了 1887 年，两国却反目成仇，进行了长达 10 年的关税大战。在这场没有硝烟的战争中，意大利损失惨重，靠关税保护，发展经济的想法最终化为泡影。

俗话说，远亲不如近邻。亲情虽然血浓于水，但若相隔太远，真要碰上麻烦事，十有八九指望不上。可邻居不同，门对门，屋檐顶屋檐，应急的时候可以互相帮帮手。当然，也有为了鸡毛蒜皮，磕磕绊绊，心生嫌隙，老死不相往来的，但那毕竟是少数。邻里如此，国与国之间，概莫能外。19 世纪末，意大利因经济利益，与近邻法国反目成仇，挑起关税大战，结果搬起石头砸了自己的脚，意大利在关税大战中得不偿失，靠贸易保护发展经济的想法，最终化为泡影。

意大利是欧洲文明古国。如诗如画的亚平宁半岛，曾孕育出灿烂的古罗马文明。到了中世纪，它又以得天独厚的地理优势，成为东西方贸易中心。可好花不常开，好景不常在。15 世纪末，葡萄牙开辟了通往东方的新航线，接着哥伦布又发现了美洲大陆，风水轮流转，亚平宁上空的光环，渐渐黯淡下来，半岛经济从此一蹶不振。西班牙、奥地利、法国先后乘虚而入，昔日威风八面的意大利，变成欧洲列强的附庸。历经几个世纪的屈辱、抗争，1861 年，意大利获得了独立和统一。然而此时，发达国家工业化已大功告成，经济落后的意大利，不得不应对欧美强国的挑战。

意大利独立以前，境内小国林立，市场分割，经济混乱无序。国家统一后，政府大刀阔斧进行改革，取消各地苛捐杂税，统一币制，废除教会的经济特权，农工商并举，经济呈现一派生机。意大利对外经济交往，最初采取的是自由贸易政策，第一任首相卡沃尔是该政策的倡导者。此君在国家统一之前，曾任皮蒙特地区行政长官，在任期间，推行自由贸易，大力发展工商业，使该区富甲一方，成为各地效仿的样板。从地方升迁到中央，新首相的经济观依然故我，他坚信，唯有自由贸易，才是强国之道。从当时欧洲形势来看，自由贸易也是大势所趋。1860 年，英、法两国签订友好商约，相互实行最惠国待遇，在它们的带动下，欧洲各国化干戈为玉帛，纷纷拆除关税壁垒，形成一股自由贸易的潮流。意大利当然不愿画地为牢，置身潮流之外，建国不久，便以皮蒙特地区为蓝本，实行低关税政策，向欧洲各国敞开了贸易大门。直到 1878 年，意大利才对关税政策略作调整，对不同商品实行不同税率，对个别行业，适当作了保护。但总体上看，关税水平仍然较低，自由贸易的基调依旧。

时隔不久，世界经济形势大变。随着运输工具的革命，北美和俄国廉价谷物大量外销，引发了欧洲“慢性农业危机”。意大利自然无法幸免，1878 年以后的几年里，小麦收益下降了 1/3，玉米、苎麻、畜产品滑坡更甚。上述产品主要出自意大利北部，于是，那里的农民和反对自由贸易的企业主联手，向政府施压，实行贸易保护的呼声，一浪高过一浪。尽管如此，意大利政府还是不敢贸然行事。原来，早在 1863 年，它就与邻邦法国结好，互行最惠国待遇。法兰西是欧洲强国，实力雄厚，与意大利经济互补，双方自订约以来，你来我往，互通有无，俨然成了一对好邻居。倘若意大利中途毁约，法国必然施以报复，如此一来，岂不树了一个劲敌？

世间的事，真是无巧不成书。正在意大利政府左右为难，举棋不定的时候，法国却在无意中犯了忌讳。作为老牌殖民扩张国家，法国自 17 世纪以来，四处出兵，打打杀杀，抢占了不少地盘，仅在非洲，就拥有 1000 多万平方公里土地。对此，意大利各小国虽垂涎三尺，却无计可施。国家统一后，意大利国力日增，羽翼渐丰，也想寻个机会，从列强手里分一杯残羹。它所看中的，是隔海相望的北非国家突尼斯。可 1881 年，法国抢先一步，将其据为己有，这下子捅了马蜂窝，意大利国内反法情绪高涨，反法组织与贸易保护论者不谋而合，搅得政府再也坐不住了。1887 年，意大利单方面宣布，大幅度提高关税，法国商品被拒之门外。

意大利围墙高筑，法国也以牙还牙，对意大利的牲畜，设起了关税屏障。法国睚眦必报，意大利更是撕破脸皮，1888 年，废除了意法贸易合同，作为回敬，当年 2 月，法国对意大利商品全部采取歧视性关税。双方以怨报怨，关税拉锯战一打就是 10 年。

意大利实行贸易保护的想法，其实由来已久。突尼斯事件，只是一个引子。意大利开国甚晚，家底薄弱，发展民族工业，除了关税保护，政府实在想不出其他高招。只是由于先前卡沃尔当政，欧洲自由贸易格局已定，不便倒行逆施罢了。这次提高关税，由自由贸易转为贸易保护，政府是经过深思熟虑，料定关税保护利大于弊，所以才敢拍板定夺。意大利以为，提高关税，对发展民族工业好处自不待言，俄、美的廉价谷物，也不会再冲击国内农业，而意大利的出口产品，多是原料和半成品，周围这么多工业国，不愁卖不出去。可事态的发展却出人预料，事实证明，意大利政府的想法，几乎全部落空。

在这场没有硝烟的关税大战中，意大利葡萄酒业遭遇灭顶之灾。战前意对法年出口葡萄酒近 3000 万升，战局一开，出口量减少了 99%。受其影响，南方葡萄园一派凋零，280 多万老百姓背井离乡，北上逃荒。滚滚而来的移民潮，令北方城市措手不及，不堪重负。谷物关税提高，国产小麦顿时热销。可小麦种植户急功近利，不是改进品种、提高单产，而是扩大种植面积，粗放经营，谷物市场良莠不齐，意大利的支柱产业——食品工业，产品质量下滑，国外订单剧减。亚平宁半岛煤铁匮乏，发展冶金业，需要大量进口原料，关税提高，法国质优价廉的煤铁矿产进不来，冶金业成本高昂，牵一发动全身，刚刚起步的重工业，像多米诺骨牌，一溜垮了下去。意大利的纺织业，曾被英、法同行挤得难以立足，迫于竞争压力，只得引进先进设备，加强管理，以质量、价格求生存，如今政府的保护伞一撑，纺织业不费吹灰之力，便可在国内市场横行无忌。意大利纺织业的装备水平，在贸易保护期间，与欧美的差距越拉越大。

贸易保护政策，虽然暂时能够刺激经济，但以此发展农业和民族工业，绝非长久之计。关税大战期间，意、法之间的贸易总额，由 6.33 亿里拉跌到 2.62 亿里拉，虽然意大利多方补救，1891 年与奥匈帝国、德国签订商约，以缓解出口困难，终因双方经济互补性不强，对外贸易衰退状况，并没有大的改观。古人云，亡羊而补牢，未为迟也。1898 年，意大利终于主动休战，法国也捐弃前嫌，双方重修旧好，握手言和，由贸易战走向贸易合作。

## “欧洲病夫”脱胎换骨

> 意大利立国较晚，工业化起步迟，在近代欧洲属于二流国家。墨索里尼的法西斯统治，把国家推向了崩溃的边缘。第二次世界大战后，意大利洗心革面，痛改前非，经过半个多世纪的改革开放、和平发展，意大利经济脱胎换骨，走出山重水复，步入良性循环。

20 世纪 20 年代，意大利法西斯掌权，大搞独裁统治，闭关锁国，穷兵黩武，结果多行不义必自毙，“二战”中一败涂地，国力耗尽，成了欧洲的破落户。有道是，苦海无边，回头是岸。战后意大利洗心革面，痛改前非，励精图治几十年，经济突飞猛进，昔日的“欧洲病夫”脱胎换骨，一跃成为西方经济强国。

意大利立国较晚，工业化起步迟，在近代欧洲属于二流国家。“一战”中虽是战胜国，但军费开支庞大，所得赔款入不敷出，本想发一笔战争财，却是竹篮打水一场空，当权者众叛亲离，狼狈下野。1922 年 10 月，墨索里尼趁乱夺权，取缔反对党，解散议会，推行法西斯独裁统治。墨索里尼的治国之术，靠的是民族狂热，但以此发展经济，却是百害而无一利，后患无穷。为树立“民族自信心”，他提出不惜一切代价，维护里拉与英镑的比价，结果由于里拉币值高估，意大利出口锐减，工业滑坡。为实现粮食自给，政府发动“小麦战役”，南方的葡萄园被强行改造成麦田，意大利农产品竞争优势尽失。对外贸易无利可图，政府干脆限制进口，撕毁贸易合同，关起了国门。30 年代经济大危机后，意大利政府对经济干预变本加厉，实行物价、外汇管制，日用品凭证供应，号召国民勒紧裤带，扩军备战。墨索里尼大开经济倒车，把意大利推向了崩溃的边缘。

第二次世界大战中，意大利 1/3 的财富毁于战火，工业生产不足战前 1/4，外汇和黄金储备消耗殆尽，财政巨额超支，物价狂涨几十倍，失业人员不计其数，山河破败，生灵涂炭，国运倾危。人民饱受战争之苦，渴望安居乐业，天下太平。1946 年 6 月，意大利举行全民公决，废除君主制，建立议会共和制。总理加斯贝利认为，只有打碎旧的经济体制，与发达国家融为一体，意大利才能扭转困境，后来居上。新总理上任后，取消了价格管制和实物配给制，放松外汇限制，出口贸易改由私人经营；实施了旨在增加民宅、减少失业的“范范尼计划”，推动建筑业优先发展；颁布一系列土地法令，把 61.8 万公顷土地分给 10.9 万农户，成立南方银行，加大了对南方农业的扶持。1948 年，意大利接受美国“马歇尔计划”，获得了 14.7 亿美元的援助，次年加入北约，与各成员国广泛开展经贸合作，到 1950 年，意大利经济已恢复到战前水平。

由封闭走向开放，为意大利经济安上了腾飞的翅膀。但在常人眼里，意大利资源匮乏，经济水平落后，对外开放并无优势可言。然而尺有所短，寸有所长，在对外开放中，意大利政府慧眼独具，把不利条件转化成了竞争优势。战后，意大利引进国外先进技术，发展了一批新型产业。对粗老笨重的老工业家底，政府没有弃如敝屣，而是长期保持工业二重结构，让装备落后、效率低下的老企业充分发挥“余热”。原来，法西斯政府为保证兵源，鼓励生育，造成人口过剩。战争结束后，襁褓中的婴儿已长成精壮劳力，没活干没饭吃，不仅造成人力资源浪费，还会影响社会稳定。于是，大批失业人员被安置到低效率企业，工人的收入，只能处在一个较低的水平。这样，新型企业把工资略作提高，便可雇到优秀员工，支出这一块节省了，意大利的产品便能以价格优势，占领国外市场。低工资还使企业迅速实现自我积累，增加投资，改进技术装备，扩大生产规模。新型企业越做越大，吸纳的劳动力也越来越多，传统企业完成历史使命，一批又一批光荣退役。维持二重性经济结构，使意大利实现了低工资、高积累。1952—1960 年，劳动生产率年均增长 6.3%，而工资只增长了 4.1%。与此相反，同期固定资本投资，年均增长 9.3%。直到 1970 年，意大利的平均工资还只有美国的 1/3，西德的 60%。意大利政府的这一做法，成了经济政策中的一个成功范例。

实行对外开放，是意大利政府审时度势，从国情出发作出的正确抉择。意大利资源贫乏，80%以上的能源、原材料依赖进口，发展工业先天不足，战后又长期实行低收入政策，国内市场狭小。只有扬长避短，发展外向型经济，把对外贸易做大做活，才能拉动经济快速增长。加斯贝利总理的对外开放政策，在后继者那里不断发扬光大。1951年4月，意大利加入欧洲煤钢联营；1967年1月，成为欧共体创始国；1992年2月，又成为欧盟首批成员国。从对外开放中，意大利受益匪浅。1958—1968年，进出口总额增长了2.5倍，加入欧共体（欧盟）不到40年，外贸总额增长215倍。实行对外开放政策，使长期落后的意大利工业焕发出勃勃生机。战后初期，意大利市场还是外国货一统天下，到60年代，意大利生产电冰箱的一半、1/3的洗衣机销往海外，1951—1963年，汽车出口以每年15.4%的速度递增，化学工业出口年增长率14.2%，整个工业的生产率提高了84%。1936—1940年间，意大利出口额占GDP的比重只有15%，1960年上升到26%，1981年达到53%。

为适应国际市场的变化，意大利政府不断调整经济政策，增强对外竞争力。比如推行国家参与制，对关键行业、支柱产业、风险大的新兴领域，政府直接投资，采取国家控股、民间参股、混合经营的形式，组建大型企业集团，逐鹿世界市场，与国外同行一争高下；采取优惠政策，扶持中小企业发展，鼓励私营企业参与国际竞争。70年代石油危机后，政府致力于经济结构调整，逐步向后工业化社会过渡，近十年来，第三产业蓬勃发展，特别是旅游业异军突起，成为国民经济中“最有活力的部门”。意大利的旅游外汇净收入，每年达 70 亿美元，成为仅次于美国的世界第二旅游大国。

半个多世纪的改革开放、和平发展，使意大利经济走出山重水复，步入良性循环。1951—1963 年，意大利经济年均增长 5.9%，13 年间，工业产值年均递增 9.1%，增速仅次于德国和日本，创造了举世瞩目的经济奇迹。1963—1973 年，GDP 年均增长 4.9%，经济总量超过英国，睥睨欧洲；1976—1985 年，GDP 年增长率仍达 3.1%，明显高于多数西方发达国家。到 20 世纪末，昔日的“欧洲病夫”早已改头换面，成为世界经济巨人。世界银行资料显示，1998 年按人均国民生产总值计算，意大利在世界排名第 25 位，若要算国民生产总值，它则坐上了全球第 6 把交椅。

# 国家参与制居功至伟

> 国家参与制企业，目的本不在赢利，就如同一位长兄，对外要维护经济主权，对内要安抚中小企业。为了国家民族的利益，可谓鞠躬尽瘁，居功至伟。然而时过境迁，到了70年代后期，国家参与制企业却渐渐力不从心，每况愈下，处境尴尬。

20世纪60年代末，英国工党在竞选纲领中宣称：要参照意大利的“国家参与制”，建立新的国家控股公司；1970年3月，法国便仿照意大利，成立了工业开发公司；差不多就在同时，瑞典也派出代表团，频频访问意大利，想从那里取回点真经。那么，国家参与制究竟有何高人之处，一时间受到如此众多国家的垂青？

随着新航线的开辟，世界的商贸中心，从地中海沿岸转到英国。16—18世纪，西欧国家忙着殖民掠夺、积累资本，而意大利的商业却走向衰落。本国资源贫乏，再加上外族入侵，意大利经济发展很慢。到了 20 世纪，它依然属欧洲的落后生，私人资本非常羸弱，很多行业不得不由国家代劳。墨索里尼为了发动第二次世界大战，将有限的资源用于战争，有心将一些企业收归政府。所以，意大利有国家干预的传统。30 年代，在全球经济危机的冲击下，意大利最大的三家银行几近破产，这对于相当萧条的经济来说，无疑是灭顶之灾。为了拯救银行、扭转局势，1933 年，由政府投资，成立了一家控股企业——伊里公司，任务是向工业部门提供贷款；理顺银行的内外关系，完善银行体系。当时成立伊里公司，是权宜之计，只想将企业整顿好后，交给私人经营。但事后政府却强烈地意识到，需要一个这样的机构，来推行其经济、军事政策。1937 年 6 月，国家颁布法令，将伊里公司作为一个机构，保存了下来。这就是意大利的第一家国家参与制企业。此后，它通过控股，对海运、钢铁、机械、基础设施等部门，进行了全面的介入。

1956 年 12 月，根据 1589 号法令，国家参与部（国家投资部）成立。这表明，国家参与制已成体系化——金字塔式的管理。最顶端的是经济规划委员会，它主管大政方针，总理亲任委员会主席，参与部部长是委员之一。第二级是国家参与部，其职责是：通过国家控股，管理企业及经济部门；监督、协调国家参与制企业的经济活动，任免其负责人。接下来的，是国家全额拨款的大公司，如伊里公司、埃尼公司。这些公司通过参股而管理的大企业，形成了第四级，按控股的方式，一级级地往下延续，最底层便是星罗棋布的小公司。国家参与制企业从事的行业，利润率一般都很低，规模小就不划算，小资本对此不敢问津。再说，如果让大资本的加盟，又会威胁国家的控制权。所以，在这些企业里，国有股占了绝对优势。比如，商业银行87.8%的股份，信贷银行76.5%的股份，意大利航空公司股本的99%，都掌握在国家手中。

20世纪70年代，意大利尚无反垄断法，维护竞争的职责，落到了国家参与制企业肩上。意大利菲亚特公司，一度垄断了国内的汽车市场。为加强竞争，伊里公司投资并控股，成立了阿尔法·罗密欧汽车厂，以促进汽车行业的发展。意大利能源匮乏，为避免在能源方面受制于人，1953年2月，第二大国家参与制企业——埃尼公司成立，其使命是：确保国家能源安全，并逐步实现自给自足。意大利南北差距大，为开发南部，1958—1973年，国家参与制企业，将其一半的资金、30%的就业机会，“送给”了利润率较低的南方。“二战”结束后，庞大的失业大军，涌向了社会。伊里公司自身人员过剩，但仍然以大局为重，1968—1977年，为社会提供了22万个就业机会。在经济危机时，投资者宁愿把钱闲着，也不愿冒风险。而国家参与制企业，为减缓危机的震荡。则不断加大投入。1970—1972年，投资分别增加了42.4%、33.7%、16.8%。国家参与制企业，目的本不在赢利，因此面对国家危难，自是要挺身而出，力挽狂澜。

当民族工业还很稚嫩时，一旦国际资本铺天盖地席卷而来，那么，国内的小企业，很难有招架之力。意大利的钢铁工业落后，1937年，每位员工的钢产量仅为50公斤，相当于德国的1/6、法国的 1/4。为防外人乘虚而入，第二次世界大战后，国家投资新建了一些大型的钢铁公司，通过增加投资、改进技术，大力发展钢铁行业。1952—1967 年，意大利的钢产量，从 35 万吨增加到 1589 万吨，1963 年，其平炉钢的价格低于法国、联邦德国。对于一些濒临倒闭的私人企业，国家也没有袖手旁观。1971 年，政府成立了“工业管理和控股公司”，专对那些亏损的私企，进行投资和改造，待到扭亏为盈后，再交还给私人经营。该公司在成立后的 13 年中，先后扶持过 122 家私人公司，并使它们一一起死回生。国家参与制企业，就如同一位长兄，里里外外地张罗：对外维护经济主权，对内则安抚中小企业，可谓鞠躬尽瘁，居功至伟。

然而，到了 70 年代后期，这位老大哥却渐渐出现了亏损。在 1974 年的经济危机中，投资锐减、失业人数突破 200 万大关。此时的国家参与制企业，再也没有原来那种叱咤风云、扭转乾坤的本领，由于长期忙着为他人做嫁，成了富余劳动力的大本营，企业状况由此每况愈下；尤其是它所从事的基础性行业，在新技术浪潮的冲击下，成了夕阳产业，利润低微，越来越难以为继。1983 年，伊里公司的亏损额达 3.25 万亿里拉；埃尼公司亏损了 1.4 万亿里拉。

国家参与制企业，毕竟是政府的亲生子，一向言听计从、委曲求全。看到它陷入泥潭，国家当然不会听之任之。1983—1985 年，政府将伊里公司下属的 14 家企业，出售给私人；1992 年，几大国家参与制企业，被改为股份公司；1992—1993 年，埃尼公司旗下的 100 家企业，被关闭、出售或转让；这些“瘦身”的举措，使企业轻装上阵，实现了扭亏为盈。此外，政府还对企业进行了重组。伊里公司原有 5 家通讯企业，由于设备陈旧、业务分散、管理不善，经济效益不尽如人意。1994 年，政府将其剥离出来，组建成意大利电信公司。该公司成立后，一方面完善了管理，同时积极参与国际竞争，1997 年，营业额比成立之初，增加了近 5 倍，成了世界电信业的第五大巨头。

意大利的国家参与制，走过了 100 年的风风雨雨。它为国家经济的发展，忍辱负重、战功显赫，而博得过阵阵掌声；也曾因“关心别人胜过自己”，而举步维艰、处境尴尬。1990 年，美国《财富》杂志，为全球最大的 50 家工业公司排座次，伊里、埃尼两大公司榜上有名。进入 21 世纪，国家参与制，将作怎样的调整，以应对新的形势，意大利政府目前尚在探索之中。

## 中小企业谁与争锋

在“能源危机”中，意大利大企业纷纷裁员歇业，而中小企业却优势尽现，脱颖而出。政府调整以“小”补“大”的产业政策，对中小企业鼎力扶持。20 世纪 90 年代以来，亚平宁半岛的中小企业，成为全球一道独特的风景线，意大利也赢得了“中小企业王国”的美誉。

20世纪70年代，中东国家收回石油标价权。为维护自身利益，发展民族经济，石油输出国一致对外，减产提价，引发了全球“能源危机”。战后顺风顺水、扶摇直上的意大利大企业，遭遇迎头一棒，效益急转直下。疾风知劲草，路遥识马力。在经济萧条中，中小企业独树一帜，大放异彩，增丁添手，产销两旺，成为战胜危机的生力军。曾经备受冷落的中小企业，从此苦尽甘来，成了政府的座上宾。到 90 年代，意大利中小企业更是气势如虹，无与匹敌，成了国民经济的“顶梁柱”。

比起大企业来，意大利中小企业“资格”要老得多。早在14世纪，威尼斯、热那亚和佛罗伦萨等城邦，就出现了手工工场。这些小型的丝织、毛纺企业，从手工作坊起步，实行家族经营，产品用料考究，做工精良，畅销欧亚市场。此后500多年，意大利成了欧洲强国的附庸，国家一盘散沙，无力对外殖民扩张，加之国内资源贫乏，发展大工业缺资金，少技术，没原料，于是中小企业应运而生，在亚平宁半岛遍地开花。

意大利位于中南欧，周边强手如林。英、法、德等工业化先行国家，企业规模庞大，实力雄厚，与它们相比，意大利的中小企业，小巫见大巫，只能委曲求全，在夹缝中求生存。没有自己的大工业，成了意大利的一块心病。国家统一后，历届政府无一例外，都以发展大工业为己任。建国后不久，意大利政府便出台优惠政策，吸引法国银行投资，兴建了一批大企业。可惜没等开工点火，意、法之间就爆发了关税大战，法国资金回撤，扔下一批半拉子工程。19世纪末20世纪初，焦利蒂执政，大搞股份公司，电力、汽车、化工、钢铁企业拔地而起，为意大利在“一战”中取胜，奠定了工业基础。墨索里尼当权后，颁布《在同一行业中强制建立康采恩并发挥其作用》的法令，鼓励资本集中、企业兼并，与军工相关的大企业，成为国家全力扶植的对象。自国家统一至“二战”结束，意大利的中小企业，被政府晾到一边，无依无靠，自生自灭。

“二战”后的30年里，意大利中小企业的境遇，并没有改观。

无论是经济学家，还是政府官员，大都认为，中小企业装备差，管理落后，产品技术含量低，将来不会有什么出息。于是，政府利用“经济二重结构”，以“小”补“大”，对中小企业多收少投，大企业则被另眼相看，多吃多占，中小企业成了大工业的“起跳板”。在政府的格外“恩宠”下，大企业逐渐身强力壮，产品打进国际市场，给政府赚了利润，挣了面子。可中小企业，并没有像预料的那样销声匿迹，它们像顽强的野草，枯了又绿。人们常说，无心插柳柳成荫。意大利政府对中小企业缺疼少爱，反倒使中小企业在与大企业的竞争中，自强不息，改进技术，加强管理，调整结构，在逆境中杀出一条血路，不但数量越来越多，在国民经济中的比重也有增无减。

“千淘万漉虽辛苦，吹尽狂沙始见金。”1973 年和 1980 年，全球爆发了两次“能源危机”。发达国家经济一落千丈，意大利也在所难逃，通货膨胀率高达 21.2%，财政赤字占 GDP 的比重，上升到 13.7%，失业率也突破了两位数。在经济危机中，大企业裁员歇业，风光顿失，而中小企业却优势尽现，脱颖而出。原来，汽车、冶金、化工等大型行业，能耗大，油价暴涨，企业成本迅速增加；1970 年，意大利通过《劳动者权利宪章》，大企业迫于工会压力，实行“滑动工资制”，工资成本居高不下；企业摊子铺大了，船大掉头难，商品供大于求时，想要转产难于上青天。上述弱点，恰恰是中小企业的强项。意大利中小企业，多数不在高能耗领域，石油提价对其不利影响微乎其微；意大利的特色加工业享誉世界，在崇尚个性化的时代，其产品备受青睐，供不应求；大量的失业者和第二职业者，为中小企业提供了充足的劳动力，他们不仅工资低廉，还不需企业代交保险金，即使被解雇了，工会也不会上门找麻烦；中小企业一般实行家族经营，投资少，转产快，市场需要什么，它们就能见缝插针，立马生产出来，在瞬息万变的竞争中，常常抢得先机。接二连三的经济危机，为中小企业带来千载难逢的机遇。它们以不俗的表现，改变了决策者的陈腐观念。

经历“能源危机”之后，意大利政府调整政策，实施“轻型工业化”战略，对中小企业鼎力扶持。中央政府设立专门的指导、融资机构，通过各地的雇主协会，倾听中小企业呼声，增强决策的针对性。为提高中小企业技术水平，1982 年，意大利政府颁布 46 号法律，向小型电子企业拨款 140 亿里拉；1983 年，政府决定，向中小企业优惠出租自动化设备；1991 年，通过《扶持中小企业创新与发展法》，中小企业实行技术创新的，可得到资金、技术、税收支持。1996 年，又投资 5.96 亿美元，作为中小企业技术革新基金。在政府的操持下，中小企业技术服务中心遍布全国，它们聘请高校、科研院所专家，直接为企业技改排忧解难。近年来，政府又在中小企业密集区，大搞工业园，为其发展提供全方位服务。

意大利政府通过深入研究，发现成功的中小企业，不是麻雀虽小，五脏俱全，而是一招鲜，吃遍天，分工细、专业性强。受此启发，政府积极推动专业化分工协作，形成了各具特色的发展模式。像百能顿公司的“卫星式”结构，总部设在乡间别墅，负责总体规划、产品设计，与之协作的小企业星罗棋布，遍及城乡；服装、制鞋业采取的是“无形大工厂”模式，相关企业集中一地，一道工序一家企业，首尾相连，最后由联合销售公司卖到世界各地；弗留利坐椅产区，则是“网状企业群”模式的典型，区内小企业按照统一标准组织生产，都用“弗留利”这一驰名商标，减少无序竞争，实现了利益共享。

有了政府做“靠山”，意大利中小企业如虎添翼，一日千里。在托斯卡纳、艾米利亚—罗曼涅、威尼斯，形成了中小企业的“工业化走廊”；政府的投资点石成金，刺激了中小企业技术投资的积极性，20 世纪 80 年代以来，中小企业的技改投入，已远远超过了政府拨款，多数企业鸟枪换炮，实现了祖传秘技和现代工艺的完美结合；昔日的家族企业，通过制度创新，逐步成为规范的股份公司。到 90 年代，中小企业总数占全部企业的 99.8%，员工占就业总人口的 78.2%，在 GDP 增量中的比重超过 60%，撑起了对外贸易的半壁江山。亚平宁半岛的中小企业，成为全球一道独特的风景线，意大利也赢得了“中小企业王国”的美誉。

## 政府出手促南方经济开发

> 与北部相比，南部是先天发育不足，后天又营养不良。为促进南方经济的发展，政府就如一个导演，精心编排，好戏连台，从1950年起，政府分几个阶段，采取强有力的措施，将南方送上经济的快速列车，终于没让这个小弟弟掉队。

20世纪50年代前，意大利的南部与北部，经济实力悬殊，二者间对比鲜明。就如两兄弟，一个西装革履、住高楼大厦，另一位则衣衫褴褛、窝在破草棚里。为促进南方经济的发展，政府用了40年时间，投资100多亿里拉，颁布了20多个相关法令，费尽心思，终于没让南方这个小弟弟掉队。

意大利的矿产资源贫乏，石油、天然气储量有限，而水力资源则相对丰富。北部的阿尔卑斯山区，地形落差大、降雨多，从能源的角度讲，许多行业喜欢在北方安营扎寨。南方却无此优势，

1953 年，其水力发电量，仅为全国的 13.1%，只能望“水”兴叹。意大利山地多、平原少。而南方的平原，只相当于全国平均水平的一半，仅为 12.3%。复杂的地形，再加上乱砍滥伐，使水土流失现象极为严重，这不仅危及环保，也给筑路业出了难题。50年代，北部的公路已四通八达，南部许多地区尚未通车，十分闭塞。

意大利的北部，与法国、瑞士、奥地利相接壤，外贸条件得天独厚。受其影响，很早就进入商品经济时代。1871 年，西北部的工业三角区里，就已出现股份公司。而当时的南部，罗马教皇权高位重、一呼百应。19 世纪末，南方依然是个政教合一的封建社会，其 90% 的土地，掌握在大庄园主与教会手里。苍蝇不叮无缝的蛋，相对落后而混沌的南部，成了黑手党的温床。南部黑社会活动猖獗，杀人越货时有发生，弄得人心惶惶、商旅不安，更不敢从事商贸活动。所以，南方的商品经济发展受阻，小农经济长期存在。

1922年，法西斯党魁墨索里尼，开始了他的独裁统治。按理说，在南北部经济不均衡的情况下，本应给南方加油添火，促进经济均衡发展。但是，为打赢世界大战，他急功近利，一方面，大力发展北方工业，另一方面，让南方仅生产小麦，延缓了南方的工业化进程。第二次世界大战后，美国为帮助欧洲经济复兴，实行了“马歇尔计划”。该计划的执行者，与墨索里尼犯了同样的错误，将绝大部分的援助款，投向了北方；南方虽受战争的破坏最大，但得到的援助款却少得可怜。第二次世界大战前后，南北差距进一步拉大。1952 年，北方的人均收入，比 1938 年增加了 23%，而南方却下降了 10%。

与北部相比，南部先天发育不足，后天又营养不良。“二战”后，南方农民因土地太少、受的压迫太重，愤愤不平，开展了“争取土地、反对失业”的运动。声势浩大、此起彼伏的农民斗争，让政府坐立不安。以工业部长罗多尔夫·莫兰迪为首的有识之士，意识到问题的严重性，组成了新南方主义派，他们认为，南方也是国家的一个部分，不改变其落后的现状，就没有真正的国强民富，主张通过国家干预，实行工业化，促其发展。面对农民运动和群众呼声，政府不再坐视不管，从 1950 年起，分几个阶段，采取强有力的措施，将南方送上经济的快速列车。

1950 年 8 月，政府成立“南方基金局”（公共事业特别工程基金局），对开发南方的各项计划，予以协调及资金扶持。从 1950—1957 年，由“南方基金局”唱主角，拉开了南方战略的第一幕。当时，让农民大动干戈的，自然是土地不均问题。“南方基金局”从大土地所有者手里，征了约 50 万公顷的地，通过分期付款或贷款优惠，出售给无地或少地的农户，基本上解决了土地问题。此外，该局还大规模修建基础设施，从 1951—1955 年，投资了 4677 亿里拉，修筑公路、铁路、港口及铺设水管。第一战役首战告捷，改善了投资环境，为工业化做好了铺垫。

第二战役从 1958 年开始，重点转向重工业。根据 634 号法令，国家在人口较多、交通便利、经济基础较好的地方，建立了工业发展区，南方基金局为它提供了 85% 的发展资金。从 1958 年开始，为促进南方工业化，政府出台了一系列的措施：新办的工厂，免征 10 年的所得税，新建厂房可享受 25% 的补贴，买机器有 10% 的补助；并规定：政府采购额必须有 30% 用于南方；国家参与制企业，全部投资额的 40%、新项目的 60% 的资金，得投向南方。为提高南方职员的素质，1965 年，政府成立了南方职业培训中心。优惠的政策，引发了两次投资高峰：1959—1963 年，投资额翻了一番，新建了 10 个工业区，冶金、石化行业，很受青睐；1968—1974 年，投资额增长了近两倍，钢铁、机电业，成了投资商的新宠。重工业的“戏”，连头带尾唱了 8 年，而这当中有 6 个年头，南方的发展速度，比北方快两个百分点以上，政府的努力，终于见了成效。

然而，当政策倾向重工业时，中小企业却被冷落了。南方的中小企业，发展很慢。许多外来的大企业，由于没有中小企业的配合，而成了“沙漠中的教堂”——虽然富丽堂皇，但朝拜者甚少，香火不旺。企业以赢利为目的，若没有钱赚，它也会脚底抹油，溜之大吉，就算留下来，也是要死不活，苦熬日子。20 世纪 70 年代，石油价格上扬，引发了两次全球性的经济危机。南部的大企业，受危机的冲击很大，纷纷减产裁员，原先在北方工作的南方人，也返回家园。南方的失业率，噌噌地往上蹿，是北方的好几倍。而当地的重化工业，多属资本密集型，吸纳的劳动力有限。就业不足的问题，一下子凸现出来，让政府很是头疼。为此，从 1976 年开始，国家调整了南方政策，为中小企业大开绿灯。5 月 2 日，政府的 183 号法令，规定拨款 18.2 万亿里拉，按投资规模，以递减的比率，给企业补贴。此外，政府还成立了南方金融租赁公司，将先进的技术设备，以低廉的价格租给中小企业。南方的中小企业，总算时来运转，终于迎来了快速发展的春天。

1984 年，南方基金局结束其历史使命。不久，政府成立了“特别干预协调会”（简称南方局），其干预的范围，不再是某个部门、行业，而是整个社会。此后，南方的经济发展，享受了更多的优惠，政府对南方的调节，已转向综合性、高层次的阶段。

为加速南方经济发展，政府就如一个导演，精心编排，好戏连台，南部的面貌焕然一新。1951—1985 年，农业就业人口的比重，从 57% 降到 18.7%；服务业的从业人员，占 57.1%，产业结构趋于合理；公路增加了两倍多，铁路基本实现电气化；按不变价计算，人均产值增加了 3 倍，人们的生活水平大大提高。到 90 年代初，南部的几个工业区，工业化程度已接近中部和北部。但是，迄今为止，南北差距依然存在，为此，历届政府一直都在努力，究竟还要多长时间，南北方才能并驾齐驱，现在还是个未知数。

# 加拿大经济

▲

保护关税振兴民族经济

“小麦经济”不堪一击

日臻完善的金融体系

引进外资矫枉过正

门户开放促经济繁荣

# 保护关税振兴民族经济

> 麦克唐纳执政期间，经历了经济危机、政治分裂，是加拿大历史上最困难的时期。但他立足本国国情，处变不惊。通过实施保护性关税、修建太平洋铁路等措施，使国家走出困境，国力日盛。

加拿大 1878 年总统大选中，前任总统麦克唐纳和现任总统麦肯齐，旗鼓相当、难分胜负。在一次集会上，保守党候选人麦克唐纳，遭到了自由党人的袭击，当场被打得失去了知觉，然而，他稍息片刻，随即发表了精彩绝伦的演说，令人拍案叫绝。正是他这种转危为安、能在劣势中找到光明的禀赋，使他赢得了大选。

1867 年 7 月 1 日，原归英国管辖的北美大陆的一些省正式合并，组成一个新国家——“加拿大自治领”，其首都为渥太华。当时，爱德华太子岛、纽芬兰并没有并入联邦，而新斯科舍却想退出；近邻美国对加拿大的国土虎视眈眈，想乘机抢占地盘、扩张本土。加拿大是一个年轻的移民国家，没有共同的文化底蕴，民族观念不强。与美国、德国不同，这两个国家是通过暴力斗争和增进民族感情，才实现民族独立的，而加拿大只是在母国首肯下，将各州撮合到了一起，所以离真正的政治、经济独立，还相距甚远。其实，建国之初，有识之士就对此深表忧虑，认为新生的自治领，充其量只是一个拼凑而成的联合股份公司，既没有灵魂，也没有生命力，如若听其自然，将永远受制于人。由此，他们提出“加拿大第一”的口号，主张立足本国，振兴民族经济。

1846 年前，原英属的北美各省与英国、美国间实行互惠贸易，关税很低。1846 年，英国废除了《谷物法》，开始实行自由贸易政策，对世界各国一视同仁，它们再不能享受母国的特殊关照，也曾试图提高关税，以维护本土利益。但人在屋檐下，不得不低头，由于英美等国的强烈反对，提高关税的想法，成了南柯一梦。按说联邦独立后，有了自主权，提高关税本该轻而易举，但有两个省怕高关税会使其外贸利润减少，对此提议横加指责，并以脱离联邦相要挟，刚刚成立的国家经不起折腾。所以，加拿大成立后的六七年间，一直没提高关税。

1873 年，欧美国家出现经济大萧条，商品过剩、物价下跌。由于大多数国家都实行保护性关税，高额的关税，犹如门神，通过增加销售成本这一利器，将过剩商品拒之门外。而加拿大的低关税政策，给了它们可乘之机，欧美国家的过剩商品大量倾销，本国的产品反而销路不畅，一时间，加拿大的商人被狠狠地宰了一刀，可谓损失惨重。

19 世纪 70 年代，关税是加拿大的唯一财源。倾销而入的商品，价格异常低廉，国家财政收入锐减，到了寅吃卯粮的地步。自由党曾将关税提高了两个百分点，但这只是杯水车薪、无济于事。与自由党相比，麦克唐纳的关税调整更像大手笔。他一上台，就立马将保护性关税定为国策，其理由是：外国商品倾销，让加拿大深受其害；几十年来，税率几乎没有变过；国库空虚，提高关税无可厚非。1879 年，通过了《关税法案》，关税率几乎提高了一倍，1874 年，工业品进口税率不高于 17.5%，而此次则调到 25%—35%，棉、毛、纺织品的税率为 30%。高税率，一方面防止了外国商品倾销，保护了本国工商业者的利益，加拿大原本稚嫩的工业，在国家的呵护下，免受狂风暴雨的摧残，逐渐成长，1881 年的出口总值达到了历史最高水平。另一方面，税率高了，税收也增多了，实行新税制的头两年，国税就增加了 50%。

加拿大成立之初，由于交通不便，西部地区可谓天高皇帝远，动不动就与政府对着干，想脱离联邦闹独立，渥太华政府对它鞭长莫及。麦克唐纳认为，只有让东西部有机地融合在一起，形成一个全国性的市场，实现经济统一，政治统一才有根基。而要使东西部经济融合，就得解决交通不便的问题，这就是麦克唐纳的功绩之一——修建铁路。建国之初，他曾准备在蒙特利尔到温哥华之间，修建一条“太平洋铁路”，但由于自由党的反对，该计划中途流产。麦克唐纳第二次执政时，又旧话重提，在他的极力倡导下，1880 年 10 月 21 日，新的太平洋铁路公司宣告成立。政府对该公司鼎力相助：不仅把原有的 700 多公里铁路转手送给了公司，而且还提供了 2500 万美元的财政援助。为了确保铁路公司尽早收回投资，政府还将铁路旁边 2500 万英亩土地，划给公司出售。此外，对公司的财产和设施一应免税，并赋予它在西部地区享有 20 年的运输垄断权。而政府对铁路公司的要求只有一个，就是 10 年内，必须让太平洋铁路全线通车。

然而，修建太平洋铁路，耗资巨大，到 1883 年，他们又赶上了新一轮的全球经济危机。为抑制通货膨胀，各大银行紧缩银根，纽约和伦敦的金融机构变得格外谨慎，取得贷款非常困难；公司本想通过出售股票来筹集资金，但经济危机使股票暴跌，这一方案无法奏效。如此一来，铁路公司被弄得捉襟见肘，难以为继。危急时刻，麦克唐纳给公司 2200 万美元贷款，以解燃眉之急。此举使当年的国债增加了 35%，自由党抓住这一“把柄”，指责保守党置国家利益于不顾，与工商业界联系过密。1884 年，公司因资金短缺，再次向政府提出 2250 万美元的贷款要求。在一片责难声中，麦克唐纳也爱莫能助，万般无奈之下，公司的贷款计划只好暂时搁浅。

俗话说，祸不单行。对麦克唐纳而言，修建太平洋铁路受阻，只是困难之一。随着铁路的修建，西部移民增多，使当地的梅蒂人土地相应减少，生活方式随之改变，他们对此极为不满。1885年，梅蒂人揭竿而起，并建立了临时政府，和联邦政府唱起了对台戏。麦克唐纳不愧是一位伟大的政治家，他有负负得正的本事。米得尔顿将军应召前去平息叛乱，当时的太平洋铁路仍有 250 公里没有贯通，太平洋铁路公司就用马和雪橇帮助军队运输。由于交通顺畅，梅蒂人的“政府”，不到两个月便宣告完结。也正是通过平息叛乱，国人意识到铁路的重要性，对修建太平洋铁路的态度，来了个180度的大转弯，公司的贷款计划顺利通过。1885年11月7日，太平洋铁路建成，比政府要求的时间提前了一半。铁路建成后，西部的移民更多了，原来的“土著”居民只占10%，形不成气候，再不能兴风作浪了；东西部联系更紧密，形成统一的市场，实现了真正的融合。

麦克唐纳执政之初，国力羸弱、政局不稳；他执政期间，经历了经济危机、政治分裂，可以说，那是加拿大历史上最困难的时期。但他立足本国国情，处变不惊，通过实施保护性关税、修建太平洋铁路，使国力日盛。1891年，麦克唐纳再次赢得了大选，两个月后，他因病与世长辞。他的头号政敌如此评价他的一生：“可以毫不夸张地说，从麦克唐纳进入议会的那天起，他的生活就是加拿大的历史。他把加拿大从毫无共同之处、仅靠一纸契约来维系的小省份，变成了现在发展壮大的加拿大。”

## “小麦经济”不堪一击

在加拿大的出口贸易中，小麦一度是主角，唱了 30 多年的压轴戏。可在世界经济大危机中，为何“小麦经济”不堪一击？其实，农业生产不仅有自然风险，也有市场风险，生产结构过于单一，就等于把鸡蛋全放在了一个篮子里，一旦碰上天灾人祸，自然难以应对。

17 世纪前，北美大陆的印第安人，刀耕火种、广种薄收，粮食产量很低。1867 年，加拿大建国之初，农产品尚需进口。此后，政府采取倾斜政策，引进先进技术，春风化雨，种植业逐步成长壮大。20 世纪，小麦在加拿大的外贸舞台上，长期担任主角，唱了 30 多年的压轴戏。

19 世纪后半叶，欧美的工业化如火如荼，城市日益增多。随着城市的扩张，土地变得相对稀缺，农田不断减少，使粮食需求猛增、粮价上扬。刚刚独立的加拿大，赶上了这趟“幸运列车”。加拿大气候适宜、草原辽阔，很适合小麦生长。机遇就如树上的果子，若不及时采摘，就会坐失良机。为抓住机会，加拿大政府颇费心机。1872 年，国家颁布“自治领土地法案”，规定每个移民只要交少许登记费，就可获得 160 英亩土地，3 年后，缴足移民税，土地便归他所有。1886 年，在政府的大力支持下，从蒙特利尔到温哥华的铁路通车，优惠的政策、便利的交通，促成了西部开发的浪潮，20 世纪头 10 年，大草原的人口从 42 万增长到 130 万，农场面积达 5750 万英亩。此外，美国的西部开发，比加拿大先行一步，积累了许多的经验。加拿大与美国唇齿相依，近水楼台先得月，轻而易举地学得了先进的耕作技术。1901—1919 年，小麦产量从 5600 万蒲式耳增加到 2.31 亿蒲式耳，不到 20 年便翻了两番。自 20 世纪 20 年代起，农业逐步实现了机械化。对当时的农业大开发，加拿大的学者如此描述：其丰富多彩远远超过最浪漫的想象，冷落空旷的西部，正成为世界最大的粮仓。

小麦的出口，为加拿大换回了大量外汇。1901 年，小麦的出口额不足 700 万美元，到了 1921 年，出口额就达 2.11 亿美元。小麦出口使工业也受益匪浅：农民的收入增加了，购买力也水涨船高，原先无人问津的工业品，现在已不愁销路；铁路不仅快捷，而且运费低廉，很受麦农青睐，于是为减少运费，他们大修铁路，从 1901 年到 1919 年，草原的铁路增加了 7500 英里。便利的交通，不仅降低了工业品的销售成本，而且也扩大了其销售市场。

正当此时，产业革命的先驱英国，资金雄厚、金融业十分发达，对海外投资很感兴趣。肥水不流外人田，英国投资商对大英帝国的子民——加拿大，自然关爱有加。而加拿大政府，为了确保本国稚嫩工业免受国际市场的风吹雨打，从 19 世纪末起，将关税率提高到 35%，在高关税的呵护下，工业发展突飞猛进。20 世纪前 10 年，加拿大制造业的产值增加了 2.5 倍，钢铁增加了 3 倍，面粉及磨坊产品翻了 5 番。纸浆、有色金属开始出口。另一方面，由小麦而引起的西进浪潮，促进了东西部的联系。东部需要西部的农产品，西部对东部的工艺品爱不释手，两者之间的依存度加大了。原先貌合神离的东西部，似乎被一条无形的纽带捆在了一起，实现了真正的融合。

20 世纪 30 年代，经济危机席卷全球，加拿大也没能逃过这场劫难。曾经春风得意的麦农，成了首当其冲的受害者。其实，在一战期间，麦农就蒙受了损失。战争虽使农作物的需求加大，但兵荒马乱的年代，生产成本增加的幅度更大，收不抵支使小麦生产一度萧条。不过，时隔不久，国际形势趋于稳定，小麦也恢复了昔日的风采，麦农只受了点儿皮外伤，并未伤筋动骨。但这次却不同，大有墙倒众人推之势。一战时，美国由于远离战场，不仅毫发未损，反而大发战争财，所以战后能提供大量的资金援助，欧洲之所以能很快复兴、世界经济在很短的时间里趋于稳定，在很大程度上归功于美国，而这次危机是全球性的，美国也是泥菩萨过河，自身难保，所以它不得不大幅削减对外资金援助，这样一来，欧洲的购买力必然下降；美国、德国、意大利、法国加强了农业保护，对外国的农产品征收高关税，加拿大的小麦出口严重受阻；阿根廷、澳大利亚也是小麦的出口国，为缓解危机，宣布货币贬值，其农产品凭借价格优势，在国际市场上很是得宠。于是，加拿大的小麦经济四面楚歌，陷入重重困难之中。

在残酷的现实面前，无奈的麦农，只能减少种植面积或降低售价。1932年的小麦价格，不到1926年的一半。1937年的大旱灾，对小麦生产者来说，更是雪上加霜，1938年的小麦产量比1929年少了70%，下降到20年前的水平。对于惨遭打击的麦农来说，只有一条生路——抛弃农庄去逃难。大草原被赤地千里所代替，农场不断地被抛弃，农业的元气大伤。与小麦生产相关的制造业、加工业，也同样遭受灭顶之灾，工厂纷纷关门歇业，成千上万的失业者绝望地在街头流浪，社会动荡不安。曾经是出口的主打产品、为经济发展立下赫赫战功的小麦，怎么会如此不堪一击？其实，农业生产不仅有自然风险，也有市场风险，生产结构过于单一，就等于把鸡蛋全放在了一个篮子里，一旦碰上天灾人祸，就很难应对。看来，单靠小麦来实现富国强民，并非长久之计。

不久，政府进行了结构调整，小麦也退居二线，由正厅搬入偏房。一方面，政府通过农业补助，要求农民减少小麦种植面积；又给农民以补贴，鼓励他们发展畜牧业。1939年，大草原三省2/3以上的收入来自小麦，而到了1942年，这一比例下降到1/3以下。1942年，原小麦的主产区阿尔伯达省，肉猪的收入首次超过了小麦的收入。另一方面，则加大技术革新力度，促进工业进步，培养新的经济增长点。加拿大拥有煤、铁、石油、镍、金、银等大量矿产资源，发展工矿业很占优势。随着飞机制造业的兴起、新闻媒体的增加，加拿大的铝、纸浆、新闻纸的出口大幅上升，从 1929—1945 年，钢的产量提高了 120%，铝产量增加了 500%。现在小麦依然是加拿大重要的出口品，但经济严重依赖小麦的时代，已一去不复返了。

# 日臻完善的金融体系

> 加拿大的银行制度，基本上是采用英国模式，数量少、分支机构多，权力集中、便于管理，而且风险也小；它的非金融机构及其货币市场，仿照的却是美国模式，让其在市场中相互竞争，共同提高，形成了独特的加拿大金融体系。

加拿大曾是大英帝国的殖民地，又是美国的邻邦，在创建金融体制时，借鉴了这两个国家的经验。在实践中，摸着石头过河，让两种截然不同的模式，取长补短、兼容并蓄，使本国的金融体制日臻完善，健康发展。

加拿大第一家商业银行——蒙特利尔银行，1822 年正式注册成立，此后，凡加拿大的商业银行，都得过政府注册这道关，这一规矩一直延续至今，所以，商业银行亦被称为注册银行。建国后，加拿大也面临银行制度的选择：一种是英国式的，建立全国性的分支机构，银行的规模大、数量少，权力集中、便于管理、风险小；一种是美国式的，银行没有分支机构，相比之下，银行的规模小、数量多，竞争激烈。当时，加拿大以林业、农业、木材加工业为主，这些产业地域性、季节性强，资金需求量很不稳定，有了全国性的分支机构，资金的调配范围广，从总量上，能避免资金需求的起起落落，减少经营风险。大部分地区地广人稀，资金流动少，建一个五脏俱全的银行，成本过高、很不划算，而建一个营业网点，既方便快捷，又费用低廉。加拿大的国情，更适合于英国模式。

1871 年，加拿大政府颁布了银行法，以法律的形式，将这种经营体系固定下来。为加强对金融业的管理，在银行业务方面，规定不得从事抵押贷款、不动产、证券投资等长期信贷业务；注册银行每年得向政府有关部门、股东递交详细的经营报告。1880 年和 1890 年，银行法又进行了两次修改，提高了银行的最低开业金，增加了进入该行业的难度。银行法的颁布和修订，一方面，增加了注册银行的安全性，使公众对银行充满信心；另一方面，也使金融业的门槛高了，实力薄弱者，只能知难而退，望“资”兴叹。注册银行不用担心别人抢饭碗，业内形势大好。在政府的鼓励下，大银行吞并小银行，并不断发展壮大。1890—1919 年间，银行的资产增加了近 6 倍，分支机构从 426 家增加到 3000 多家，而注册银行的数量减少了近一半。

第一次世界大战爆发时，全球经济变幻莫测。作为参战国之一的加拿大，为确保金融稳定，1914 年，颁布了战时金融法。该法规定，废除金本位制，纸币不再与黄金挂钩，让加元汇率在外汇市场上自由浮动；在财政部开设最终贴现窗口。此举使政府能运用货币政策，强化了宏观调控的力度，这也是迈向现代金融管理的第一步。但是，废除金本位制后，银行发行银行券时，少了限制，多了自由，再加上战后的通货膨胀，银行出现支付困难。1923 年，一个拥有 70 多家分支机构的注册银行——家庭银行，因无力清偿债务而破产。政府一向以稳健、谨慎的金融为原则，此事无异于平地一声雷，大出政府所料，于是不得不采取紧急应对措施。1924 年，在财政部设立银行总监察局，专门对注册银行进行检查，并将结果直接报给财政部长，以防患于未然。由于政府管得严、保险措施得当，1923—1985 年的 62 年间，加拿大没有一家注册银行倒闭。

随着金融法、银行法的颁布，以及财政部贴现窗口的出现，中央银行的业务也被分解，所以，没有中央银行，加拿大人也不觉得少了什么。1929—1933 年的大萧条，使加拿大的经济大受影响：出口额下降了一半，投资减少了 4/5，注册银行的资金减少了 20%，银行贷款降低了 30%。虽说银行渡过了难关，但萧条也使货币供应紧缩，加剧了危机，政府想运用货币政策来扭转局面，但因货币市场不完善，政令难行，调控乏力。所以政府意识到，应该设立一个中央银行，为金融业找个头，把金融市场规范起来。1935 年，经首相贝纳特提议，国会批准，加拿大中央银行正式成立，这意味着加拿大的金融制度，已步入现代化的轨道。

加拿大的银行制度，基本上采用英国模式；它的非金融机构、货币市场，却是仿照美国，让其在市场中相互竞争，共同提高，形成了独特的加拿大金融体系。30 年代，在星罗棋布的注册银行分支网中，零星点缀着非银行金融机构。第二次世界大战结束后，加拿大经济复苏，跨行业、跨部门、跨国界的经营活动异常繁忙，金融业的活动空间更大了。与注册银行相比，非银行金融机构所受的羁绊少：它无须国会点头，只要省里批准，就可成立。少过一道衙门，免去了不少麻烦。并且所要求的启动资金也不多，只需有 5 万—20 万加元的自有资本（按当时要求，注册银行的启动资金至少是 100 万加元），就可开张营业。非银行的金融机构，作为一种新生力量，牢牢地抓住了这一机会，迅速壮大起来。1951—1966 年，抵押贷款公司、信托公司、信用社吸收的存款增加了 8.2 倍，而注册银行同期只增长了 2.5 倍。

注册银行是金融业的老大，担负着稳定大局的重任，政府对它看得紧、要求高。加入该行业很不容易，进“门”后也难以施展手脚。1966 年，加拿大的注册银行仅 8 家，内部容易协调，没有形成激烈竞争、相互促进的局面；由于受的限制多，在金融市场竞争中，就如戴着手铐与人打拳击，一身本领施展不开，老大的地位也摇摇欲坠。形势的变化，要求政策也得作出相应调整。1967 年，政府出台了银行法修正案，为注册银行松绑：降低了其法定准备金率，取消贷款利率的最高限制，允许从事长期信贷业务。一向以稳定为最高目标的政府，为防居民存款风险，同时配套推出了《加拿大存款保险法》，并成立了存款保险公司（CDIC）。如此一来，注册银行就可放开手脚，与其他金融机构一争高低。1980 年，政府再次修订银行法，又一次调低了存款准备金率，并将注册银行分为 A、B 两类，允许外资进入 B 级银行，使注册银行增加到 51 家；1988 年，注册银行的分类改为Ⅰ级和Ⅱ级，而美国控制的Ⅱ级银行，享有与Ⅰ级银行同等待遇，进一步加强了金融领域的竞争。

20 世纪 50 年代前，加拿大货币市场只有注册银行、中央银行，金融工具仅限于短期国库券。随着非银行金融机构异军突起、注册银行竞争机制的不断完善，加拿大货币市场也日益成熟。50 年代后，在央行的倡导下，增加了国库券的发行量，缩短了交易时间（由两周拍卖一次，改为一周一次）；从 1954 年起，短期证券批发商，可以得到央行和注册银行的贷款，从事多种金融商品买卖。金融交易增多了，品种更为丰富，货币市场逐渐繁荣。80 年代后，外国银行和外资大量涌入，加速了金融的国际化，加拿大的金融日益与国际接轨。1986 年 12 月，政府颁布“金融部门新方向”白皮书，旨在进一步放松管制、加强竞争。看来，日后加拿大的金融制度，会与美国模式贴得更近些。

## 引进外资矫枉过正

平心而论，外资曾给加拿大带来了不少好处：不仅解决了国内资金不足问题，还引进了先进技术，增加了就业。但是世间万物，都有一个度，真理再向前迈一步，就成了谬误。由于外资渗透过多，逐渐显现出弊端，成了本国经济发展的阻力。

在生物界，有一个有趣的现象：当作物因缺水而干枯时，浇一些水，可以让它焕发生机、娇艳欲滴，但是，若水加得过多，它就蔫了。世间万物，其实都有一个度，做过了头，不仅无益，而且会反受其累。加拿大引进外资，就曾陷入过这种“越多越好”的误区，给本国经济添了不少麻烦。

加拿大自然资源丰富，煤、铁、镍、金、银、石油、天然气储量很大。在激烈的国际市场竞争中，对原料的控制，往往成为克敌制胜的法宝。加拿大的资源，令英美等国垂涎三尺，而要将一个主权国家的资源为其所用，最简捷的办法，莫过于投资开发、参与控制。与西方国家相比，加拿大的劳动力价格低，水电费便宜；其国土广、人均收入高、市场广阔。良好的投资环境，让商家怦然心动。1879年，为了保护民族经济，麦克唐纳大幅度地提高关税。此后，高关税成了一种传统。附加在商品上的关税，增加了外商的成本，国内外商家的竞争并不公平。上有政策，下有对策，外商认为，与其接受关税，在竞争中头破血流、落荒而逃，还不如输出资本、就地生产、就地推销。1947年，加拿大通过提高关税，使汽车进口量减少了89%，但外资控制的子公司产量，却增加了54%。

加拿大一向以为，发展经济需要庞大的资金，而本国财力有限，引进外资就如借鸡生蛋，用别国的钱办自己的事，何乐而不为？所以，政府曾为外资大开方便之门：提供优惠措施、减免税收，以鼓励外国资金进入。外国人看中了加拿大的资源、市场、劳力，加拿大则相中了国外的资金，就如男婚女嫁、两厢情愿。从建国的1867年到1975年，外资增长了342倍，1975年，外资的产出占国民生产总值的42%。外资渗透的规模之大、程度之深，居世界之首。平心而论，外资带来了不少好处。它为加拿大解决了国内资金不足问题，引进了先进的技术，增加了就业。19世纪末，铁路事业蓬勃兴起；“二战”后，采矿业突飞猛进，外资都起了重要作用。但是，真理再向前迈一步，就成了谬误，外资渗透过多，逐渐显现出弊端，成了本国经济发展的阻力。

1971年，在非金融部门，外资的控制额占37%。现代融资渠道广，要控制一个公司，并不需要掌握 50% 以上的股份，因此，外资对加拿大经济的影响，不可谓不深。60 年代末，加拿大最大的矿业公司：3 家镍矿公司、9 家石棉矿企业、2 家铁矿公司、3 家水泥厂、3 家汽车公司、全部的石油天然气公司，尽在外商手里。自家的资源，到了别人的锅里，就只能听凭摆布。无怪乎，能源部长吉莱斯皮，会发出如此感慨：加拿大将生产什么、在哪里销售等战略问题，都由外国董事定夺。西部的阿尔伯达、萨斯喀彻温省盛产石油，70 年代前，为满足美国的能源需求，其绝大部分产出，低价卖给美国人；但渥太华以东的地区，因为能源短缺，尚需高价进口石油。外资只求利润，不可能顾及其民族利益，加拿大为此损失巨大，吃了不少哑巴亏。

加拿大 60%—70% 的外贸生意，是与美国做的。美国经济界打一个喷嚏，到了加拿大，就可能引起一场倾盆大雨。第二次世界大战前，为了推销美国的铁矿和工业品，美商阻挠加拿大开采铁矿；战后，美国的铁矿几近枯竭，美商便一改初衷，将战后发现的魁北克—拉布拉多矿产地据为己有，大规模开采铁矿，运往本国。50 年代，由于美国对铀的需求量很大，铀矿就成了采掘业中的大哥大，可 10 年后，美国的采购规模缩小，它的地位就一落千丈。在经济衰退时，首当其冲的受害者，就是加拿大的子公司。1971 年，美国实行“新经济政策”，对进口的制成品增收 10% 的附加税，加拿大因与美国联系最紧，所受的损失最大。过量的外资，使加拿大缺少独立性，经济极不稳定。

一般而言，随着国家经济的发展，制造业的比重会上升，采掘业的比重会下降。但加拿大并非如此，其制造业发展缓慢，60 年代初，60% 的机械仍需进口；从 1945 年到 1973 年，石油产量增加了 77 倍，天然气增长了 64 倍，铁矿增长了 48 倍，飞速前行的采掘业，令制造业望尘莫及。这种现象让人不可思议，归根结底还是外资惹的祸。加拿大的原料，往往不在本国加工；本国制造业所需的原料，还得从国外进口。加拿大开采出来的石棉，有 94% 在国外加工，1958 年，加拿大黑色冶金业用的铁矿，66% 得从美国进口。加拿大 80% 的工业，在魁北克和安大略省的西部，该地离煤区有 1600 公里，为了节省运输成本，只得从美国进口煤，外资的胳膊肘不会往里拐，它似乎给加拿大布下了个“圈套”，使其经济的部门结构、地区布局极不合理，而加拿大却无可奈何、身不由己，只能闭着眼睛往里跳。

外资犹如章鱼的触须，缠住了整个国家，加拿大有苦说不出，打掉了牙齿只能往肚里咽。据统计，从 1950 年至 1974 年，输入的外资为 203 亿加元，而外商从加拿大获得的利润达 409 亿加元，新增的投资，不再是从国外直接引进的，却是本国人民的血汗钱。60 年代，美国又吞并了几家加拿大公司，以此为导火索，加拿大政府再也不能无动于衷了，开始采取应对措施。1960 年，提出“加拿大人参加条款”，规定石油和天然气矿区，只能租给本国人或本国的公司；1964 年，再次修改《保险、信贷和信托公司法》，规定在这些领域，非加拿大居民所持股份，不得超过 25%；1967 年，修订《银行法》时，规定外国人不得在加拿大开办新银行，对外资控股额已达 25% 的银行，严格限制其业务范围；

航空、媒体、土地等方面，也颁布了相应的条例，以防外资“夺权”。

政府在60年代采取的措施，主要是针对一些关键部门，但对外商的投资和兼并活动，并没有进行限制。1971年前后，加拿大掌握的最大的铀矿公司——登尼逊矿业公司、主要的石油企业——霍姆油公司，成了美商的兼并对象。此事一时引起举国关注，民怨沸腾，于是政府不得不出面干预。1971年，政府通过了《发展公司法案》，对本国企业予以资金援助，以促进民族经济发展。1973年，颁布了《外国投资审查法》，设立外国投资审查局，只有能带来重大利益的境外资金，才被批准进入；凡资产在25万加元以上、营业额超过300万加元的公司，外资收购前，须经政府审核。此法于1975年10月15日正式实行，标志着对外资实行全面管制。此后，加拿大的外资开始减少，外商的“行为”有所收敛。但是，加拿大经济和外资，仍有千丝万缕的联系，要想一下子摆脱干系、消除后患，还不是一朝一夕的事，加拿大依然任重道远。

# 门户开放促经济繁荣

> 与特鲁多的贸易保护政策不同，1984 年，刚上台的总理马尔罗尼面对财政赤字和高失业，提出扩大贸易、吸引外资、寻找新市场的战略。他的门户开放政策，不仅使经济飞速发展，也使政治难题迎刃而解。

1984 年，保守党候选人马尔罗尼，当选为加拿大总理。与前几任总理不同，他力主贸易自由。引进外资，曾让加拿大有过切肤之痛。按理说，应该采取限制性措施。可马尔罗尼力排众议，重提门户开发，这看似有些心血来潮，其实不然，此举是他经过深思熟虑后才作出的抉择。

20 世纪 70 年代，石油价格上调。中东的石油出口国，眼见财源滚滚，乐得眉开眼笑；石油进口国，却因原料价格上升、经济萧条而一筹莫展。加拿大的石油公司，大多都在外资手里，开采出来的石油，绝大部分运往国外。所以，加拿大虽有油源，但石油仍需进口，石油危机也不能幸免：几万个经营户破产、数百万人失业；通货膨胀、生产停滞，1980 年，其国民生产总值仅增长 0.1%，而消费价格指数却增长了 10.5%。为走出危机，时任总理特鲁多心生一计——把石油矿从美国人手里夺回来，变劣势为优势。不久，政府颁布“国家能源计划”，规定外国人要开采石油，得向政府提出申请，而对公司控股额小于 50% 的外资，则无申请权。如此高的要求，明摆着是要外资走人。外商也很识趣，一时间，数十亿美元撤离，加美关系恶化。外资的转移，对本已萧条的经济，无疑是雪上加霜。经济恶化又使加元贬值，本国投资者信心不足，资金纷纷转向国外。该计划实施的效果，与其初衷大相径庭，1982 年，石油价格回落，此计划也就无疾而终。

一年后，世界经济开始复苏。各国都以积极的姿态，参与国际贸易。国际分工、全球经济一体化，已成为世界各国的共识。在这种潮流下，谁先参与区域合作，谁就是国际市场上最早的宠儿。识时务者为俊杰，1984 年，刚上台的马尔罗尼，研究了特鲁多的失败后，面对财政赤字和高失业率，提出扩大贸易、吸引外资、寻找新市场的新战略。这一构想，与当时人们主流的观念相距甚远。加拿大曾因外资比重过高，吃了不少亏：经济结构畸形、布局不合理，使自己处处受制于人，处于非常被动的地位；外贸依存度很大，国际市场上一有风吹草动，到了国内就成了惊涛骇浪。一朝被蛇咬，十年怕井绳。许多人担心，对外开放的政策，会不会引狼入室，重蹈过去的覆辙。马尔罗尼则认为，在世界贸易迅猛发展的时代，要想避免国外经济的影响，无异于痴人说梦。

与其闭关锁国，损人不利己，倒不如以积极的姿态，与狼共舞，在国际竞争中增强实力。

为敞开国门，融入世界经济浪潮中，马尔罗尼一上台，就推进市场化运动，使本国经济环境更为宽松。一方面，他减少了国家干预，放宽了对运输、电讯、金融、银行业的管制；另一方面，政府开展了私有化运动，从 1984 年到 1990 年，政府所辖的 17 家企业、5000 万加元的资产变为私有。同时，政府允许其企业参加“星球大战”计划，承担了北美警报系统的费用，这是加拿大一改闭关锁国的传统，热心参与世界贸易迈出的第一步。1985 年，政府撤销了外资审查署，代之以加拿大投资部。名字不同了，职能也今非昔比：原先要限制外资进入，现在是制定更优惠的政策、改善投资环境，以吸引外商、留住外资。筑巢引得凤凰来，优惠的政策，使外资增长很快。1986 年，加拿大获得净外资 16 亿加元，第二年，增加到 48 亿加元，1988 年，净外资达 605 亿加元，短短两年间，增长了 36 倍。

与加拿大贸易关系最密切的，当属美国。1985 年，加拿大开始启动美加贸易谈判。由于涉及方方面面的利益，贸易谈判进展很不顺利。经过 23 轮、历时 16 个月的艰苦努力，1987 年 10 月，终于修得正果，美加政府达成协议。该协议规定，降低或取消部分商品的关税，取消配额和农产品出口补贴，减少对能源进出口的限制；制定了免税时间表，决定用 10 年的时间，分期分批地免除双方间的关税；对方的企业在本国能享受“国民待遇”；两国间的国境通行更为便利；美资进入加拿大金融业，会得到特殊关照。协议虽已达成，但要正式实行，还得经国会批准。1988 年，马尔罗尼再次赢得大选，他是如此说服议员的：美加市场合起来值 5 亿加元，是当今世上最为富有的市场，加拿大的产品，尤其需要这样的市场。1989 年 1 月 1 日，美加自由贸易协定开始生效，北美自由贸易区逐步形成。

其实，加拿大人好了伤疤，但并没有忘了疼，过去外资给他们造成的伤害，依然记忆犹新。因此在门户大开的同时，他们牢牢把握住“管大放小”原则。修改后的《加拿大投资法》，允许外商独立办厂，凡 500 万加元以下的外资，进入加拿大无须政府审查，这样使外商有了较高的自由度。但是，对于那些关系到国计民生、严重影响竞争的行业，政府却严防死守，各项细则以及严格的审查程序，就像是一道一道的防火墙。外商若想进入，往往会碰得一鼻子灰；就算过五关斩六将，在投资局能侥幸通过，也可能被政府以“严重妨碍公众利益”为由，予以否决。

当然，从总体上来说，马尔罗尼执政期间，政府的管制更少，外贸更自由，经济形势也大为好转。从 1984 年到 1988 年，加拿大的国民生产总值，年均增长 4.7%，这一速度超过了美国、日本、欧共体；1984 年，财政赤字达 201 亿加元，到了 1989 年便减少到 20 亿加元。自由贸易政策，使企业家开阔了眼界、拓展了市场、提高了效率，在世界经济舞台上，有了一席之地。加拿大的经济结构，也随之改善。1963 年，能源的出口比重为 40%，到了 80 年代末，其比重下降为 20%；制造业发展很快，服务业的比重大大提高，80 年代末为 60%。对加拿大而言，畸形的经济结构，逐步得到矫正。

魁北克省原由法国控制，主要流行法语。在加拿大这个大家庭中，它就像个外地人，操着异地口音、有自己的性格和习惯，显得很不合群。它也感到了自己的孤立，所以很不安分，常常与联邦政府对着干。1963 年，“魁北克解放阵线”成立，动不动就声称要脱离联邦，4 年后，戴高乐的访问，发表了“魁北克自由万岁”的演说，更是火上浇油。魁北克的分离倾向，是历届总理头疼的问题。然而，到了 80 年代，随着经济的迅速增长、加拿大国际地位的提高，不知不觉中，魁北克省已经作为加拿大的一员，参与到国际贸易中，法语加拿大人和英语加拿大人相互携手、并肩作战，他们之间日渐融洽。在这种形势下，闹独立的人，只会自讨没趣。1987 年 6 月 23 日，魁北克议会通过协议，正式承认自己是加拿大的“孩子”。马尔罗尼的门户开放政策，不仅使经济飞速发展，而且也使政治难题迎刃而解。

# 俄罗斯经济

▲

土地与自由的变奏

新经济政策以退为进

高速工业化功不掩过

“加速战略”无力回天

“休克疗法”败走莫斯科

通货膨胀谁主沉浮

普京铁腕匡时济世

▲

# 土地与自由的变奏

> 彼得大帝的“欧化”改革，没有触及土地问题。一个半世纪后，内忧外患逼得俄国统治者改变初衷，废除了农奴制度。然而，农奴不仅没有真正得到土地，连自由也被变相剥夺了。在帝国覆灭之前，由内阁总理大臣斯托雷平掀起了一场更为深刻的变革。

在俄罗斯圣彼得堡，矗立着一尊巨大的青铜雕像：彼得大帝跨上马背，右手向前挥舞，骏马前蹄腾空，后蹄将一条巨蟒踩在脚下。每当人们路经此处，总会驻足仰视，缅怀这位明君开创的千秋伟业。1689 年，年仅 17 岁的彼得一世放眼看世界，以过人的胆识和气魄，推行“欧化”改革，建工场，办教育，迁新都，搞扩张，把封闭落后的俄罗斯，变成了欧洲大陆的强国。然而，再伟大的君王，也难以超越所处的时代。彼得大帝的改革，未曾触动土地所有制，千百万俄国农奴，仍然一贫如洗，水深火热。

直到一个半世纪以后，俄国又历经两次变革，才废除了农奴制度，走上了农业现代化之路。

彼得一世的后继者，穷兵黩武，意欲称霸欧亚。打仗靠的是实力，除了兵强马壮，军需给养也要确保无虞。而俄罗斯气候寒冷，人口稀少，农业生产一无所恃，发展缓慢。为实现帝国霸业，统治者置民生于不顾，硬要从农民身上榨出油来，而农奴制恰恰是一部最好的“榨油机”：农奴手无寸土，又无人身自由，只得依附农奴主和贵族，他们不仅为主人无偿劳动，还要缴纳苛捐杂税。靠搜刮民脂民膏补充军力，俄国在对外战争中连连得手，版图不断扩大。对沙皇来说，农奴制“法力无边”，不仅毫无必要废除，还需不断强化。1765 年，叶卡捷琳娜二世一纸诏书，便将 5000 万俄亩新扩国土，连同土地上的农民，赏给皇亲国戚和立功战将。到 19 世纪初，俄国农奴超过 2000 万，占全国人口的 90%以上。

1846 年，英国废除《谷物法》，降低粮食进口关税。以农为主的俄国，粮食出口激增。看到种粮有利可图，农奴主便变本加厉，再一次在农奴身上做文章，让农奴无偿劳动的时间，由每周 3 天增加到 5 天，“官”逼民反，农奴不堪其苦，只得铤而走险，揭竿而起。这一时期，各地暴动此伏彼起，多达 300 多次。除了“内忧”，还有“外患”。1853—1855 年，俄国对土耳其发动克里米亚战争，结果被增援的英法联军打得落花流水，溃不成军。痛定思痛，俄国统治者终于明白，英法之所以取胜，不光在于装备精良，而是由于它们早就完成农业革命，实现了工业化，国力强拳头自然就硬。

1861 年 2 月，沙皇亚历山大二世签署法令，宣布废除农奴制。农奴在法律上取得独立，农奴主不能再买卖农奴，也不能干涉他们的生活。法令还规定，农奴可以得到一块份地，虽仍需向农奴主购买，但只需缴纳 20%的现金，其余由政府以有息债券代付，购买者可以在 49 年内向政府还本付息。1861 年的法令，使 1000 多万农奴“受益”，1863 年和 1866 年，俄国又先后颁布两个法令，改变了“皇族农奴”和“国家农奴”的身份。这样一来，俄国农奴全都由此获得了“解放”。

人们常说，天下没有免费的午餐，农民赎买的份地，代价也是高得惊人。当时国家把地价抬得老高，原本只值 6.5 亿卢布的土地，而卖给农民却要 9 亿卢布，加上偿付国家贷款本息，农民实际花销不下 20 亿卢布。不仅农奴主从中大捞了一笔，国家也收取了大量的利息，倒霉的只有农奴，为了赎回自由身，他们被狠狠宰了一刀。尽管如此，农民还是有了指望：只要辛勤劳作，省吃俭用，多年后或许会无债一身轻；说不准哪天手头宽裕了，还能再买地盖房，过上好日子。而原来的农奴主，钱更多了，人手却少了，于是便不再广种薄收，开始置办农机，使用化肥，生产效率大大提高。废除农奴制，终归是解放了生产力，使俄国农业出现了重大转机。

可是，农业发展的桎梏，至此尚未打碎。也许是让农奴暴动吓破了胆，当权者在宣布解放农奴的同时，又下令在各地普遍建立“村社”，给农民套上了新的“紧箍咒”。根据新法令，农民必须带着份地，加入村社组织。未经村社允许，农民无权出卖、转让土地，也不能擅自脱离村社。原来的农奴主，摇身一变，成了村社的“保护人”，有权撤换村长，驱逐村民，未经其允许，村社不得改变耕作方式，不得开垦荒地。农户之间实行“连环保”，互相监督，哪户若不服从村社管理，作奸犯科，邻里会因知情不报，受累遭殃。几个村社组成乡，乡一级设行政、司法、警察机关，是维护帝国秩序的根基。建立村社组织，牢牢束缚住了俄国农民。难怪几十年后，列宁对这段历史作出了这样的评价：俄国农民获得“自由”的时候，已经被剥夺得一干二净了。

村社的建立，抵消了废除农奴制的成果。农民的份地不能买卖、转让，限制了土地集中，阻碍了农业规模经营；因农民不能自由流动，城市工厂普遍缺乏劳动力，工业化步履维艰。到 20 世纪初，俄国非但没有国富兵强，与美、英、法、德等国的差距，反而越拉越大，成了列强中实力最弱的一个，在新一轮国际竞争中，明显处于劣势。1906 年，内阁总理大臣彼得·斯托雷平执掌大权，为了挽救日薄西山的俄帝国，在尼古拉二世支持下，于同年 11 月，又一次对农业进行改革。

斯托雷平政府规定，农民的份地纯属私有财产，有权退出村社，可以自由转让、买卖。根据新法令，先后有 1600 万俄亩土地真正回到农民手中，有 240 多万户农民从村社退出，单立门户，自主经营。政府还责令农民银行发放优惠贷款，推动土地兼并，培植了 154 万个独立农场。同时，组织破产农户移民西伯利亚，试图在广袤的边疆地区，发展更多的现代农场。斯托雷平的改革，使土地和农民自由流动问题，基本上得到了解决。1908—1914 年，有 110 万份农地进入市场交易，300 多万农民不再固守穷庐，或加入移民大军，或以真正的自由人身份，进入城市劳动力市场。

像所有气数已尽的王朝一样，俄国并没有因斯托雷平的出现而摆脱覆灭的命运。今天，也很少有人知道斯托雷平这个名字。但这场改革对俄罗斯的历史影响却极为深远。当改革进行到第 7 个年头，俄国谷物产量便达到 8600 万吨，这个纪录，即使到了 1953 年的苏联，也没有被打破。于是，有人甚至认为，斯托雷平的改革，是沙俄留下的一笔财富，从当今俄罗斯的农业变革中，都能或多或少地看到斯托雷平改革的影子。

## 新经济政策以退为进

苏维埃实行“战时共产主义政策”。夺得了对敌斗争的胜利。和平曙光已经来临，可围绕国家的走向，领导层内部却展开了激烈的争论。特殊的历史环境和国情，使苏俄采取新经济政策，走过了一段以退为进、迂回前行的发展道路。

1848 年 2 月，《共产党宣言》出版，整个资本主义世界，犹如大祸临头，惶惶不可终日。70 年后，马克思和恩格斯的预言，在俄国变成了现实。1917 年，十月革命一声炮响，宣告了沙俄的灭亡，但是，血与火催生的苏维埃，却没能一蹴而就，跑步进入社会主义。特殊的历史环境和国情，使苏俄突破前人的设想，走过了一段以退为进、迂回前行的发展道路。

苏维埃政权一经建立，就被“文明世界”视为眼中钉。不到 5 年时间，先后有 14 个国家，对其武装干涉。原沙俄残部，也纠集力量，发动叛乱。生死存亡，系于一发。布尔什维克党人在列宁领导下，与国内外敌人展开了殊死搏斗。常言道，兵马未动，粮草先行。红军将士血战沙场，要靠强有力的经济后援。可对方有备而来，战局初开，便抢得先机，占领了俄国3/4的国土，切断了粮食、原料主产区通道。为了拯救摇篮中的新生政权，自1918年6月起，苏维埃实行“战时共产主义政策”，余粮收集制、工业国有化、义务劳动制和实物配给制等相继出台，全国变成一个大兵营，上下齐心，戮力抗敌，终于夺得了胜利。

和平曙光已经来临，可围绕国家的走向，一场激烈的争论，在领导层内部展开。很多人认为，战时共产主义政策，与马克思、恩格斯对未来社会的构想不出其右，只要人不解甲，马不卸鞍，一鼓作气，定能直接跨入社会主义。而有的人却认为，战争时期采取的非常措施，包藏很多弊病，用于和平建设，未必有利；俄国国情，离经典著述的要求相距甚远，建设社会主义，尚需从长计议，急躁不得。两种主张，各有道理，何去何从，一时很难定夺。

1921年2月，红军队伍里发生了一场兵变。镇守喀琅斯特要塞的士兵，多是农民子弟，听说家里被余粮收集制逼得没了活路，怒从心头起，恶向胆边生，竟然枪口内转，要挟中央。“要苏维埃，不要共产党的苏维埃”口号，引起了全党的反思。其实，余粮收集政策，农民一直就打心眼里不买账。政府向产粮省强行摊派征购任务，付给农民的纸票子毛得很，出价只相当于黑市价的1/10。起先各地普遍抗粮不交，上面便动用军队，组成收粮队下乡，挨家挨户强征硬收。为完成任务，有人一面用枪顶着农民脑袋，一面扒粮食，老百姓的余粮和部分口粮，甚至开春用的种子，统统被拉走了。在十月革命中，庄稼人无偿得到了土地，他们知道，只有苏维埃打了胜仗，才能保住自己的土地，对余粮收集制，尽管牢骚满腹，也只得忍而不发，可战争一结束，余粮收集制便再也推不下去。无独有偶，农村形势剑拔弩张，城市经济也开始触底。企业国有化一哄而上，政府顾了东头，丢了西头，企业资金不足，人才匮乏，生产经营难以为继。战争过后，工业产值减少 6/7，煤炭减产 2/3，生铁减产 97%。义务劳动制和实物配给制，战时大显神威，和平年代却不再灵验。没了打仗的压力，干活时大家都想省点儿劲，吃起大锅饭也无须谦让，农民不交粮，城里库存告罄，实物配给成了画饼充饥，工人纷纷罢工游行。看来，革命胜利后，再沿袭老一套办法，不仅建不成共产主义，还有可能把苏维埃引向歧路。1921 年 3 月，俄共十大决定改行粮食税，代替余粮收集制，新经济政策随即启动。

与余粮收集制相比，实行粮食税后，农民上交的粮食，不足原来一半。交足国家的，剩下的便是自己的，农民舍得投工投料，生产热情空前高涨。由于税率稳定，政府的收税员没遇多少麻烦，当年完税率高达 96%。粮食市场曾被明令取缔，1921 年 5 月，最高国民经济委员会颁布《关于交换》的法令，粮食交易开禁，农民可到市场出售余粮，城里人随时可买到粮食，吃饭就有了保证。实行粮食税政策，允许农产品买卖，适应了俄国小农经济为主的国情。但这并不是长久之计，列宁认为，农业的最终出路，是把农民联合起来，建立合作社，引导个体小农经济向社会主义过渡。

按新经济政策的有关规定，国营企业重新进行了整顿。要害经济部门、关键行业，国家实行严格控制；中小企业招标出租，无人承租的，归还原业主；实在无法处理的，依法进行关闭。对高度集中的企业管理体制，也进行改革。推广经济核算制，在国家计划指导下，企业经营和财务独立，按照商业化原则运作，实行计时工资、计件工资和奖励制，取消平均分配，生产效率大大提高。

十月革命中，布尔什维克最先抓在手里的是政权，其次便是银行。银行还是国有化的首班车。但实施国有化的最初目的，却是消灭银行，进而消灭货币。1920 年 1 月，政府通过《关于撤销人民银行》的法令，在以后 21 个月的时间里，银行销声匿迹，成了财政部门的一个行政机构。允许粮食买卖，实行新工资制，货币媒介必不可少。1921 年 10 月，全俄中执委作出《建立国家银行》的决议，银行各项业务重新恢复。银行从撤到建，反映了俄共思想认识的转变。列宁曾深有感触地说："银行是现代经济生活的中心"，"我们需要的国家银行，应当比最接近商业的资本主义的国家银行，还要接近商业一百倍。"

在马克思、恩格斯的经典论述中，商品、货币、私营经济，在新社会都将不复存在。如果说，粮食税、交换法令、银行重建，这些新经济政策，冲破了理论禁区，那么，引进外资，发展对外贸易，更让固守教条的"理论家"大跌眼镜。在实行新经济政策过程中，政府将无力经营的油田租让给外商，以此吸引外资、引进先进技术和管理人才。1921 年 3 月，苏维埃政权捐弃前嫌，与英国政府握手言和，签订双边贸易协定，苏俄主动向西方国家打开了开放的窗口。

为保证新经济政策落到实处，政府对管理体制进行改革，改变高度集权的管理模式，限制最高国民经济委员的职权，工业主管部门由 52 个减至 16 个，建立区域经济委员会，把部分权力下放到地方。同时，整顿财政，开源节流，重建税务机关，废除无偿调拨等制度。为了稳定经济秩序，银行恢复了金本位制度，改善货币流通，一度恶化的通货膨胀，得到了控制。

列宁曾把新经济政策比作爬山，登山者迂回前行，目的是为了积蓄体力，另寻捷径，时机成熟，便可向顶峰冲刺。按照他的设想，这一政策不是权宜之计，而是要持续相当长的时间。可惜由于列宁英年早逝，新经济政策过早中断，后继者很快选择了另一条路线。

# 高速工业化功不掩过

> 苏联的工业化，由于搞得太匆忙，不免会丢三落四，顾此失彼。高投入、低产出、低收益的增长方式，不仅浪费了大量资源，而且给日后的经济发展留下了隐患。英国经济学家莫舍·卢因曾说：“斯大林留给他的接班人的，是一支巨大的工业力量和没有效率的经济。”

有一则新“龟兔赛跑”的寓言，听来意味深长。比赛项目是翻越高山。开始兔子志在必得，飞速爬上山顶。可下山时却犯了愁，由于前腿短、后腿长，一路跌跌撞撞，遍体鳞伤，结果四平八稳的乌龟，反倒后来居上，拔得头筹。经济生活中，此类事例俯拾即是。比如苏联，20世纪20年代末，曾不惜一切代价，优先发展重工业，实现了迅速求强的目标。但因操之过急，造成经济畸形发展，比例严重失调，高速工业化的后遗症久治不愈，最终欲速不达，酿成了“卫星上天，红旗落地”的悲剧。

1924 年 1 月 21 日，列宁溘然长逝。几经党内纷争，斯大林声望日隆。此时，新经济政策成效彰显，苏联元气恢复，经济重新达到“一战”前的水平。尽管如此，苏联国力仍然比较孱弱，这就好比一部汽车，虽然做了保养，可关键部件仍没有更换，本应谨慎行驶才行。可是由于列宁还没来得及把这一情况告诉新主人，就撒手人寰，斯大林又血气方刚，他根据自己的判断，陡然换挡，一个劲地加油提速，结果就可想而知。列宁的新经济政策，强调循序渐进，农、轻、重均衡发展；而斯大林的看法却与之大相径庭。他认为，俄国工业化落后发达国家近百年，如果再循规蹈矩、按部就班地发展，与它们的差距只会越拉越大。而且，由于社会制度迥异，两种力量迟早要一决雌雄，对苏联来说，龟爬蜗行无异于束手待毙。发达国家工业化的路子是先轻工，后重工，苏联应该反其道而为之，集中力量把重工业先搞上去，回头再搞轻工业，一定能驾轻就熟，易如反掌。1928 年，苏联第一个五年计划编制完成，发展重工业成为压倒一切的任务，工业化的车轮滚滚向前。

从 1929 年到 1941 年，苏联先后实施了三个五年计划。官方资料显示，此间重工业增长 9 倍，在工业产值中的比重，由 39.5%上升到 61.2%。新建大企业 9000 多家，形成了以重工业为中心的工业体系。苏联工业化的骄人成就，令西方世界叹为观止，自愧弗如。特别是 20 世纪 30 年代，资本主义世界爆发了经济大危机，欧洲上空阴云密布，昔日的工业强国凄风苦雨，满目萧条，而苏联却一枝独秀，提前完成了头两个五年计划，国民生产总值跃居世界第二、欧洲第一，由落后的农业国，变成先进的工业国。在工业化过程中，军工企业龙头高昂，比重尤高，后来，苏联能在卫国战争中取胜，也得益于这一阵子攒下的实力。

但凡事都要一分为二，有利必有弊。苏联的工业化，由于搞得太匆忙，不免会丢三落四，顾此失彼。据统计，1929—1940年，苏联工业化投资年均增长 17.9%，比社会总产值增长率高 33.6%，比国民收入高 22.6%，如按净产值计算，投入与产出差额更大。高速工业化搞了 7 年以后，才有一家新建的重工企业赢利。高速度、高投入、低产出、低收益，粗放型的增长方式，不仅浪费了大量自然、人力资源，而且从长期看收益递减。这种片面追求速度的做法，一直延续到苏联解体。有人曾测算过，20 世纪 70 年代末，苏联每增加一单位国民收入，比美国用钢量多 90%，耗电量高 80%，投资要多出一半。或许，后来苏联经济被日、德赶超，这也是一个重要原因。

与重工业的高速度相比，其他产业就黯然失色了。在十多年的高速工业化过程中，轻工业的增长幅度，仅为重工业的 1/3，最惨的是农业，不仅停滞不前，甚至一度倒退。这同苏联重工业的成长特点不无关系。重工业规模大、周期长、投资多，没有殷实的家底，开工费劲点火更难。资金从哪里来？在 1926 年中央四中全会上，斯大林一个报告，打开了人们心中的疑团。他提出，英国靠掠夺殖民地完成原始积累，德国拿普法战争赔款办企业，沙俄靠外国贷款、投资搞工业化，这些苏联都不能用。唯一的办法，是节衣缩食，自力更生，走社会主义的积累道路。这条路，其实就是采取“剪刀差”，以农补工。但农民的觉悟远没有想象的那么高，政府压低粮食收购价，抬高工业品售价，农民干脆把粮食堆在屯里，贵贱不卖了。1927 年末到 1928 年春，苏联出现了粮食收购危机，眼看企业还未上马便要歇工，政府便又使出战时共产主义的老套路，派出小分队，下乡强行征粮。根据刑法第 107 条，凡有粮不售者，一律判处有期徒刑。

可是，强征硬收，毕竟不是长久之计。于是，便有了个一劳永逸的解决方案，从 1929 年 11 月起，苏联开始实行全盘农业集体化。1933 年 1 月，联共（布）中央宣布：“把分散的个体小农经济纳入社会主义大农业的历史轨道的任务已经完成。”原来的 2000 多万农户，被 20 多万个集体农庄所取代。由国家向集体农庄选派干部，负责组织生产，于是，农民失去了经营自主权。为了让农民“安心”农庄，1932 年 12 月 31 日，苏联恢复了沙俄时期的身份证制度。农民没有身份证，便不能自由迁移，他们只能像祖先一样，被牢牢地束缚在土地上。政府还控制了全部农机具，到 1932 年，共建立了 2502 个机器拖拉机站。它们为农庄提供索价不菲的服务，农庄则用农产品支付报酬。1933 年，苏联宣布实行农产品义务交售制，粮食交售额占产量的 32%—43%。对苏联农业的全盘集体化，毛泽东在《论十大关系》中曾指出：“苏联的办法把农民挖得很苦。他们采取所谓义务交售制等办法，把农民生产的东西拿去太多了，给的代价又低。他们这样来积累资金，使农民的积极性受到很大的损害。”

在实现高速工业化的同时，高度集权的计划经济体制，也随之建立并巩固下来。高速工业化，在联共党内曾引起极大的争议。为了加强领导，斯大林断然采取了铁腕政策。30年代的“大清洗”，使集权制达到了顶峰。在人人自危的氛围中，大家只能唯“上”是从，老老实实干活，不敢越雷池半步，发展经济的真知灼见被扼杀了，人们的创造力被冷冻了。

严密的计划经济体系，虽能保证资金、物资、劳动力及时到位，使重点建设项目如期完成，但随着时间的推移，这种管理模式的弊端愈发突出。企业成了国家的车间，产品、工资、利润成了符号，价值规律失去了效用，经济发展完全由个人的意志来决定。由于苏联始终没能摆脱计划经济的影响，经济结构调整总是跟着政治需要走，以“重”补“轻”、以“重”补“农”，最终只是南柯一梦。英国经济学家莫舍·卢因曾说：“斯大林留给他的接班人的，是一支巨大的工业力量和没有效率的经济。”或许，这是对苏联高速工业化比较客观的评价。

## “加速战略”无力回天

20 世纪 50 年代以后，“苏联模式”已僵化停滞，弊病丛生。赫鲁晓夫、勃列日涅夫的经济改革，一个在条块管理中左右摇摆，另一个只是对旧体制修修补补。戈尔巴乔夫实施“加速战略”，改革由经济转向了政治，可是由于速度过快过猛，使苏联这列火车最终脱离了轨道。

20 世纪 30 年代，苏联优先发展重工业，只用十几年时间，就走完了发达国家半个多世纪的路。高度集中的计划经济体制，与高速工业化相伴相生，共同铸就社会主义的“苏联模式”。斯大林时期，它确曾大显神威：完备的工业体系横空出世，苏联经济总量跃居世界第二；强大的军事实力，令希特勒铁骑闻风丧胆，灰飞烟灭。可到了 50 年代，“苏联模式”已僵化停滞，弊病丛生。1953 年，赫鲁晓夫就任党的第一书记，对传统经济体制进行了首轮改革。

赫鲁晓夫认为，斯大林模式的最大弊端，在于过度集权。因此，改革的中心任务，是简政放权。只要把中央的权力下放给地方，问题便可迎刃而解。1957 年 2 月，苏共中央全会通过决议，撤销 25 个中央部，全苏建立 105 个经济行政区，各区设立经济委员会，原属中央各部的企业管理权，除国防工业外，全部移交地方。孰料，改革进展却有悖初衷。地方大权在握，便一哄而起，各自为政，抢资源，争项目，甚至挪用国家重点建设资金，大搞计划外投资。一时间，“形象工程”遍地开花，“拳头项目”纷纷上马。赫鲁晓夫原以为治大国如烹小鲜，无为而治，便可天下太平。万没想到，中央权力被架空，号令不行，经济非但未现生机，反倒一派混乱。情急之下，改革来了 180 度大转弯，1959 年 1 月，物资分配权重归中央；1962 年年底，中央在各地建立工业生产党委，党组织独揽经济决策权；1963 年 3 月，成立最高国民经济委员会，对经济重新实行集中领导。如此一来，各地刚热起的身子，被兜头浇了盆冷水，苏联经济像患了疟疾，一个劲打起了摆子。1957—1964 年，全国工业只有 3 年略有增长，其余 5 年全都出现了倒退。赫鲁晓夫的经济体制改革，在条块管理中忽东忽西，左右摇摆，并未冲破计划管理模式。1964 年 10 月，这位苏联改革的始作俑者，在一片反对声中被迫下台。

与冒冒失失的赫鲁晓夫不同，勃列日涅夫的改革，看起来深思熟虑，稳健得多。他所推行的“新经济体制”，重点抓了两头：改进企业经营管理，完善国家计划指导。勃氏的企业改革思想，来自于赫鲁晓夫执政后期的“科别尔曼建议”。1962 年 9 月，经济学博士科别尔曼发表《计划、利润、奖金》一文，建议国家和企业的关系，应建立在利润分配的基础上，国家对企业下达计划任务，根据完成情况进行奖励，促进企业苦练内功，挖潜增效。这套前任领导未及实施的办法，在勃列日涅夫执政时期，不仅付诸试点，而且广泛推行。根据新的改革政策，国家在企业设立生产发展基金，推行拨改贷，使企业的运行，建立在自有资金和银行贷款基础上。企业完成国家任务，支付银行利息，超额部分，国家给予企业利润提成。成千上万家企业，装到中央一个篮子里，为了不让它们互相挑眼，磕磕碰碰，计划管理非但不能削弱，还得不断加强。于是，撤销了各行政区的经济委员会，重新恢复了中央各部的工作。各部门的计划要细致到家，分毫不差。各类中长期及短期计划，多种工业指标体系，层出不穷、汗牛充栋，传统的计划管理体制，几乎完善到无以复加的程度。

新经济体制改革，最初几年收效显著。1975年与1960年相比，全国发电量增长 2.5 倍，石油产量增加 2.3 倍，生铁、钢材增幅均超过 1 倍。但是，这场改革，只是对旧体制的修修补补。事无巨细、大包大揽的计划管理体制，使经济活力渐渐泯灭。苏联经济虽然还在发展，但增速却越来越慢，1966—1970 年，年均增长 7%，1971—1975 年，下降为 5.7%，1976—1980 年，再降到 3.7%，到了勃列日涅夫逝世的 1982 年，经济同比增长只有 2.6%。

1985 年 3 月 11 日，戈尔巴乔夫走马上任。此时苏联经济下滑到第二次世界大战以来的最低点，民用科技落后美国 15 年，军用技术落后 10 年，国民收入增长，2/3 靠追加要素投入取得，集约化经营比重只占 31%。70 年代的军备竞赛，使苏联经济结构严重失衡，老百姓的日子过得紧紧巴巴，牢骚不绝于耳。苏联将往何处去？人们既心存希望，也惴惴不安。

应该说，戈尔巴乔夫最初魄力非凡，赢得了人心。1986 年 3 月，苏共二十七大确定“加速发展战略”，提出到 20 世纪末，工业产值和国民收入翻番；15 年内，劳动生产率增长一倍半，保证到 2000 年每个家庭单独有一套住房。戈尔巴乔夫勾画的前景让人心动，但真刀真枪干起来，却是旧瓶装新酒，换汤不换药。他认为，实现经济复兴，还得要机器制造业来拉动。1986—1989 年，苏联政府的投资，重工业仍占 75%以上，轻工业、农业投资不升反降，经济结构更加失调。为了实现战略目标，戈尔巴乔夫还是捡起了计划经济这个法宝。但他对计划调控另有新解，认为先前计划经济中的错失，是苏共决策失误造成的，改革要取得成功，必须“一切权力重归苏维埃”。由于决策体系紊乱，政府在推行“经济自治”，要求企业“自筹资金、自负盈亏、自我管理”的同时，对价格改革却迟迟不决，以至于企业改革单兵突进，前功尽弃；不顾国情，贸然开展“反酗酒”运动，不仅财政收入锐减，嗜酒如命的俄罗斯人，对此也强烈抵制。政出多门，使改革措施前后矛盾，反复无常，经济形势雪上加霜，急剧恶化。1990 年，国民收入负增长 4%，内债激增到 5500 亿卢布，外债达 770 亿美元。

经济改革出师不利，戈尔巴乔夫方寸大乱。此时，他对改革已经完全丧失了信心。在他看来，苏联要融入市场经济大潮，必须改旗易帜，另起炉灶。于是，戈尔巴乔夫改革的重心，由经济转向了政治，可是由于速度过快过猛，使苏联这列火车脱离了轨道。1991 年 12 月 25 日，莫斯科时间 19 点 38 分，克里姆林宫上空的国旗徐徐降落，经历了 70 年风风雨雨，社会主义苏联最终宣告解体。

# “休克疗法”败走莫斯科

> 俄罗斯把“休克疗法”当作灵丹妙药，本想一步到位，创造体制转轨的奇迹。可南美小国玻利维亚的治疗方案，到了欧洲大国俄罗斯，却是药不对症。政府满以为播下的是龙种，可到头来收获的却是跳蚤。1992 年年底盖达尔政府解散，标志着俄罗斯休克疗法的彻底失败。

古人云：橘生淮南则为橘，生于淮北则为枳。意思是说，淮河南岸的橘树，一旦移植到北岸，就变成矮小的枳树，结出的果实，也变得又苦又涩。1992 年，苏联解体后成立的俄罗斯联邦，从西方经济高参那里，引进“休克疗法”，进行了一场激进的经济改革，希望借此跨入市场经济轨道，跻身西方发达国家之列。不料事与愿违，俄罗斯经济非但没有起色，反倒陷入了空前的经济危机。不顾国情盲目改革，使俄罗斯付出了惨重的代价。

休克疗法本是医学术语，20 世纪 80 年代中期，被美国经济学家萨克斯引入经济领域。当时玻利维亚爆发了严重的经济危机，通货膨胀率高达 24000%，经济负增长 12%，民不聊生，政局动荡。萨克斯临危受聘，向该国献出锦囊妙计：放弃扩张性经济政策，紧缩货币和财政，放开物价，实行自由贸易，加快私有化步伐，充分发挥市场机制的作用。上述做法一反常规，短期内造成经济剧烈震荡，仿佛病人进入休克状态，但随着市场供求恢复平衡，经济运行也回归正常。两年后，玻利维亚的通货膨胀率降至 15%，GDP 增长 2.1%，外汇储量增加了 20 多倍。萨克斯的反危机措施大获成功，休克疗法也名扬世界。

1991 年年底，苏联解体，俄罗斯联邦独立。它拥有 1700 万平方公里领土，1.5 亿人口，继承了苏联的大部分家底。丰厚的遗产令叶利钦喜上眉梢，可穷家难当，一大堆半死不活的企业，外加 1 万亿卢布内债、1200 亿美元外债，也让新总统夙兴夜寐，坐卧不安。作为苏共的反对派，叶利钦认为，50 年代以来的改革，零打碎敲、修修补补，白白断送了苏联的前程。痛定思痛，俄罗斯要避免重蹈覆辙，重振大国雄风，不能再做小脚老太太，应该大刀阔斧，进行深刻变革。此时，年仅 35 岁的盖达尔投其所好，在萨克斯的点拨下，炮制了一套激进的经济改革方案，叶利钦“慧眼识珠”，破格将其提拔为政府总理。1992 年初，一场以“休克疗法”为模板的改革，在俄罗斯联邦全面铺开。

“休克疗法”的重头戏，是放开物价。俄罗斯政府规定，从 1992 年 1 月 2 日起，放开 90%的消费品价格、80%的燃料、生产资料价格。与此同时，取消对收入增长的限制，公职人员工资提高 90%，退休人员补助金提高到每月 900 卢布，家庭补助、失业救济金也随之水涨船高。物价放开头三个月，似乎立竿见影，收效明显。购物长队不见了，货架上商品琳琅满目，习惯了凭票供应排长队的俄罗斯人，仿佛看到了改革带来的实惠。可没过多久，物价像断了线的风筝扶摇直上，到 4 月份，消费品价格比上年 12 月上涨 6.5 倍。政府原想通过国营商店平抑物价，不想黑市商贩与国营商店职工沆瀣一气，将商品转手倒卖，牟取暴利，政府的如意算盘落了空，市场秩序乱成一锅粥。由于燃料、原料价格过早放开，企业生产成本骤增，到 6 月份，工业品批发价格上涨 14 倍，如此高价令买家望而生畏，消费市场持续低迷，需求不旺反过来抑制了供给，企业纷纷压缩生产，市场供求进入了死循环。

放开物价后，通货膨胀如脱缰野马，一发不可收。对此，俄政府似乎早有准备，财政、货币“双紧”政策，与物价改革几乎同步出台。财政紧缩主要是开源节流、增收节支。税收优惠统统取消，所有商品一律缴纳 28%的增值税，同时加征进口商品消费税。与增收措施配套，政府削减了公共投资、军费和办公费，将预算外基金纳入联邦预算，限制地方政府用银行贷款弥补赤字。紧缩的货币政策，包括提高央行贷款利率，建立存款准备金制，实行贷款限额管理，以此控制货币流量，从源头上抑制通货膨胀。可是，这一次政府又失算了。由于税负过重，企业生产进一步萎缩，失业人数激增，政府不得不加大救济补贴和直接投资，财政赤字不降反升。紧缩信贷造成企业流动资金严重短缺，企业间相互拖欠，三角债日益严重。政府被迫放松银根，1992年增发货币1.8万亿卢布，是1991年发行量的20倍。在印钞机的轰鸣声中，财政货币紧缩政策双双流产了。

“休克疗法”的第三步棋，是大规模推行私有化。在盖达尔政府看来，改革之所以险象环生，危机重重，主要在于国有企业不是市场主体，竞争机制不起作用，价格改革如同沙中建塔，一遇风吹草动，便会轰然倒塌。国有企业改革，最省事的办法莫过于私有化，企业成了个人的，岂有办不好之理？为了加快私有化进度，政府最初采取的办法是无偿赠送。经有关专家评估，俄罗斯的国有财产总值1.5万亿卢布，刚好人口是1.5亿，以前财产是大家伙儿的，现在分到个人，也要童叟无欺，人人有份。于是每个俄罗斯人领到一张1万卢布的私有化证券，可以凭证自由购股。可是，到私有化正式启动，已是1992年10月，时过境迁，此时的1万卢布，只够买一双高档皮鞋，无偿私有化成了天方夜谭、痴人说梦。此计不成，又生一计。既然送不成，那就低价卖。结果，大批国有企业落入特权阶层和暴发户手中，他们最关心的，不是企业的长远发展，而是尽快转手赢利，职工既领不到股息，又无权参与决策，做一天和尚撞一天钟，生产经营无人过问，企业效益每况愈下。

俄罗斯政府义无反顾地实施“休克疗法”，除了想急于建功立业外，一个重要原因，是为了博得“友邦”欢心，从西方发达国家得到一些好处。俄政府大力推行贸易自由化，取消进出口商品限额，大幅度降低关税，外汇市场也迅速放开。可是，俄罗斯经济长期畸形发展，工业技术水平低、成本高，竞争力弱，根本禁不起外国企业的冲击。对外贸易逆差导致外汇枯竭，1992 年，俄罗斯外债总额达到 748 亿美元，到期应还外债 206 亿美元，而偿还能力只有 20 亿美元。俗话说，贫居闹市无人问，富在深山有远亲。原来答应提供援助的西方国家，此刻却袖手旁观，口惠而实不至。240 亿美元一揽子贷款迟迟不到位，60 亿美元稳定卢布基金更是遥遥无期。

俄罗斯把“休克疗法”当作灵丹妙药，本想一步到位，创造体制转轨的奇迹。可是南美小国玻利维亚的治疗方案，到了欧洲大国俄罗斯，却是药不对症。玻利维亚原来搞的就是市场经济，国有企业少，经济总量也不大，加上有西方大国帮衬，靠市场机制来熨平通胀，容易取得成功。这些条件，俄罗斯一样也不占，却偏要一口吃个胖子，政府来个大撒把，大搞市场自发调节，满以为播下的是龙种，可到头来收获的却是跳蚤。1992 年 12 月，盖达尔政府解散，俄罗斯的“休克疗法”也随即宣告失败。

## 通货膨胀谁主沉浮

为遏制"休克疗法"引发的经济衰退，在俄罗斯 8 年转轨历程中，先后有 5 位总理轮番上场，与通货膨胀殊死搏斗。随着经济政策的变幻，通货膨胀时伏时起，波谲云诡。但黑夜过后是黎明，世纪的钟声敲响之前，俄罗斯的通货膨胀渐渐平息，经济出现了新的转机。

1992 年冬，俄罗斯上空愁云密集，雾霭浓重。经济改革激而不进，"休克疗法"疗而不治，国家气息奄奄，人民困苦不堪。官方资料显示，俄罗斯当年国内生产总值下降 19%，国民收入减少 20%，工业生产下滑 18.8%，通货膨胀率高达 2505.8%。江海倒流，谁主沉浮？在 8 年时间里，5 位总理轮番上场，与通货膨胀殊死搏斗，演绎出一幕幕惊心动魄的人间活剧。

第一位挺身而出，收拾盖达尔政府烂摊子的，是切尔诺梅尔金。此公当总理之前，干过钳工、机械员，做过天然气工业部长、副总理，阅历丰富，崇尚务实，虽没喝过洋墨水，但对俄罗斯的国情了然于心，对治理通货膨胀胸有成竹。上任伊始，他便将石油、原料价格调控权牢牢抓住，关上了“原料—产品”价格相互攀升的闸门。接着政府宣布中止“证券私有化”，对尚未出卖的国有企业，严格资产评估，一手交钱，一手卖厂，杜绝买空卖空，售股所得51%转入企业资金账户。政府还加大了能源、农业和消费品生产部门的投资，有了钱，企业开足马力生产，市场供给不足初步缓解，物价逐渐回落。财政方面，切尔诺梅尔金实行“软赤字”政策，政府不再向银行透支，改为发行国债和对外贷款，既弥补财政赤字，又不增发钞票，防止了通货膨胀进一步升级。1995年，国内经济回暖，外贸形势看好，政府又不失时机，推出“外汇走廊”政策，将卢布与美元的比价，限制在一定范围内，卢布汇率趋于稳定。同时，货币政策由紧调松，增加货币供应量，大量资金源源不断地注入企业，经济增势更加强劲。切氏的治国之道，徐徐而进，有条不紊，通货膨胀这匹烈马，在他手下渐渐驯服。经过6年努力，俄罗斯的通胀率降到了11%。经济由阴转晴，总理的威望日升，可功高震主，才多招嫉，正当他踌躇满志，准备1998年再打个漂亮仗时，总统一纸罢令，切尔诺梅尔金解甲归田，含恨下野。

1998年4月24日，名不见经传的基里延科走马上任，取代了切尔诺梅尔金的总理职位。新总理年仅35岁，刚做了不到4个月的燃料动力部部长，威不服众，政令难行。此时亚洲金融危机已波及俄罗斯，基里延科猝不及防，一下子乱了章法。俄罗斯出现金融震荡，当然上一届政府也有责任。为了治住通货膨胀，切尔诺梅尔金执行“软赤字”政策，在国内、国外欠了不少债务。这些钱多是短期高利贷，除一部分投向生产领域，多数用来补了财政亏空。借债是要还的，可基里延科敛财乏术，没有广辟税源，而是一味地增加企业税负，对交不起税的大企业，甚至强制破产、抵押，这种做法其实是杀鸡取卵，竭泽而渔，结果适得其反，税收同比下降 50%，财政告急，只能让银行增发钞票，通货膨胀的导火索又被点燃了。

自实行“休克疗法”以来，俄罗斯推行金融自由化，大量外资涌入国债、股票、外汇市场，外资最多时曾达到市场总量的 30%。这些投资者可是精明得很，一遇风吹草动，马上撤资走人，当然人家带着美元来，也不愿拿着卢布走，外汇需求猛增，“外汇走廊”政策一触即溃。在金融危机面前，本该发挥作用的中央银行，此时也不听新总理的招呼，不仅不买进国债，稳定利率，反倒推波助澜，把手里的债券抛售空，俄罗斯的金融震荡很快发展成金融大地震，国债市场被迫关闭，股市行将崩溃，银行总资产减少一半以上，整个系统进入瘫痪状态，通货膨胀率上升到 290%。基里延科仓促上阵，干了 122 天，就被赶下了台。

有道是，国难思良将，乱世出英雄。倘若俄罗斯风调雨顺，国泰民安，69 岁的外长普里马科夫，也快船靠码头车到站，离退休不远了。1998 年 9 月 11 日，国家杜马作出决定，擢拔其为政府总理，这一突然任命，既给普里马科夫的仕途抹上了亮色，也为俄罗斯经济带来了转机。普里马科夫宝刀未老，出手不凡，一上任便抓了银行重建。由政府牵头，对银行债务进行重组，从1998 年 11 月起，禁止无支付能力的银行继续经营，对重生有望的银行提供贷款，在政府监管下恢复业务。次年 1 月，成立“信贷机构重组代理公司”，专司银行整顿，执行破产程序，建立债务市场。经过一场大换血，以国家控股银行为核心，以业绩优良的银行为基础，以地方支柱银行为分支的银行体系，终于建立起来。普里马科夫施展高超的外交才能，与国际货币基金组织几番斡旋，争取到 48 亿美元贷款，1999 年外债偿还终于有了着落。对 2500 亿卢布内债，新政府化整为零，10%兑给现金，20%转为投资债券，剩下的 70%转为中长期国债。同时，摒弃前政府的税收政策，降低企业税负，拓展税源，对烟酒生产销售实行国家垄断经营，向暴富的高收入者开刀，把个人财产税提高了 20 倍。对出口创汇实行管制政策，所有进出口企业，其外汇结算都要到政府授权银行办理，企业创汇收入的 75%要兑换给央行，进口商品必须经海关登记方可付款。政府还集结资金，打击汇市投机分子，为确保卢布的长期稳定，政府抓住国际金价下跌的有利时机，大量购入黄金，以备不时之需。金融危机平息后，普里马科夫政府又决定，重新登记联邦资产，对国有独资、控股企业，联邦不动产和国外资产，重新审查承租、分红、纳税情况；成立开发银行，扶持传统优势部门，发展高技术产业；出台优惠政策，吸引民间、外商投资办厂，对投资超过 750 万卢布的生产企业，免税 3 年；建立保险市场，引导居民储蓄流向生产领域。普里马科夫的经济政策大破大立，不仅遏制了金融危机，而且为俄罗斯经济的健康发展铺平了道路。但凡经济政策，从出台到显效，都会有一个时间差，可没等到苹果成熟，普里马科夫又被总统换掉了。

中国有一个著名的成语，叫做“萧规曹随”，说的是汉朝曹参继任萧何的宰相职务，对前任的政策很少更改，多数继承。1999 年 5 月上任的斯捷帕申总理，也是识时务的俊杰，对普里马科夫的施政纲领，只作了个别修改，有些方面进一步强化，经济仍旧保持平衡态势。大概是叶利钦总统仍觉得斯捷帕申不是满意人选，结果只让他干了 82 天，便挑选普京担任新总理。在普京任总理的 4 个多月中，实行积极的财政政策，辅之以稳健的货币政策，把战胜贫困、增加居民实际收入作为主攻方向，小心谨慎，稳扎稳打，1999 年国内生产总值增长 3.2%，固定资产投资实现了经济转轨 8 年来首次增长，对外贸易实现顺差 401 亿美元，预算盈余占 GDP 的 2%，通货膨胀率下降到 36.5%，卢布贬值趋缓，股票指数上涨了近 70 点，居民实际收入增长了 10.4%。经济形势稳定，加上车臣平叛连连大捷，普京这位俄罗斯政坛黑马，站在前几位总理的肩膀上，最终登上了俄罗斯权力的顶峰。

# 普京铁腕匡时济世

> 普京执政以来，整顿政治秩序，强化中央权力，从国情出发，重新确定经济发展的目标模式。新政府力除积弊，调整结构，增加投资，拓展外贸空间，缩小两极分化，打击非法经济活动，妙招迭出，环环相扣，新世纪来临之际，历经磨难的俄罗斯，出现了复苏的曙光。

1999 年最后一天，俄罗斯政坛爆出头号新闻：叶利钦宣布提前卸任，任命政府总理普京为代总统。次年 3 月 26 日，普京在大选中轻松击败对手，稳坐总统宝座。世纪更迭，千年交替，昔日的克格勃中校，执俄罗斯牛耳，强化中央权力，调整发展方向，多管齐下，重振国力，普京执政以来，俄罗斯经济峰回路转，逐步走向复苏。

经过 8 年多体制转轨，俄罗斯不但没有国富民强，反倒积贫积弱，每况愈下。20 世纪 90 年代，俄 GDP 减少了一半，只有美国的 1/10，中国的 1/5，人均 GDP 不足西方七国平均数的 20%。福无双至，祸不单行。经济改革山重水复，联邦安全危机四伏。各共和国与中央同床异梦，貌合神离，车臣甚至想独立门户，和联邦分庭抗礼。普京接手的俄罗斯，早已今非昔比，风光不再。古人说，知耻而后勇。1999 年岁末，普京在互联网发表《千年之交的俄罗斯》一文，坦言，“俄罗斯民族的忍耐力、生存能力和建设能力，都已处于枯竭的边缘”，“面临沦为世界二流抑或三流国家的危险”。普京认为，国家若要由乱转治，由弱变强，当务之急，是重整政治秩序，强化中央权力。为此俄罗斯联邦颁布法令，在中央与各共和国之间，设立 7 个联邦区，总统向各区派驻全权代表，实行垂直领导；中央有权废除违反联邦宪法的地方法规，总统有权解除地方官员职务；改革议会体制，强干弱枝，地方行政长官不再担任联邦委员会议员。经过整顿，叶利钦时代中央权力弱化、地方各自为政的问题，初步得以解决，激进改革失败带来的联邦分裂势头，也被有效遏制住了。

项庄舞剑，意在沛公。稳定政局，目的在于集中精力发展经济。普京上任后，对国家的发展方向重新作了定位：俄罗斯绝不走计划经济的回头路，也不再脱离国情，搞自由市场经济。未来的经济模式，是“有秩序的市场经济”。在社会经济生活中，政府既不能延续苏联的做法，大包大揽，越俎代庖，又不能像激进改革时那样，无所作为，对经济生活放任自流。今后，政府的主要职能，是保护所有权，保证经营自由，促进平等竞争，建立统一的经济空间，实施务实的社会政策。新总统认为，先前改革之所以接连失败，一个重要原因是缺少长远规划，几届政府各吹各的调，经济政策朝定夕改，改革首尾不一，屡出偏差。前事不忘，后事之师。普京责成政府，确定了社会经济发展长远目标，今后10年，国内生产总值年均增长5%—6%，个别年份增长8%—10%，到2010年，经济恢复到1990年的水平。然后，再用15年左右时间，达到目前葡萄牙、西班牙的人均GNP水平，跻身高收入国家行列。为了实现这一目标，新一届政府确定了五个主攻方向：调整结构，增加投资，拓展外贸空间，缩小两极分化，打击非法经济活动。

经济结构严重畸形，民用科技长期落后，是苏联酿出的一杯苦酒。而此后的改革，不仅没有使经济结构优化，反而令原来的优势丧失殆尽。目前，传统产业新设备仅占2.5%，工业生产率仅为发达国家的10%—25%。IT产业更是远远落伍，仅从计算机居民占有量来看，美国每千人占有318台，而俄罗斯只有11台，与其相差28倍多。为了奋起直追，缩小与发达国家的差距，俄政府推行积极的工业政策，集中财力物力，优先发展高新技术产业、深加工企业，同时，对石油、天然气、军火等传统优势产业，实行倾斜政策，加大了扶持力度。尖端科技实力雄厚，是俄罗斯的强项。但长期以来，产学研脱节，科技未能转化为现实生产力。为解决这个问题，政府着手建立国家科研基地，吸收私人资本入股，出台相关政策，保护知识产权，保证科研成果商业化。中小企业是高科技产业的主要载体，能够增加税收，创造大量的就业机会。俄政府采取措施，简化中小企业注册手续，缩小许可证范围，取消银行贷款限制，为中小企业发展铺平了道路。

实现经济复苏，需要投资拉动。可目前俄罗斯的投资规模，只有 1990 年的 20%，仅相当于美国的 4%，日本的 7%。投资环境恶化，使外国公司望而却步，也使国内资金大量外流。为了振兴经济，发展生产，俄政府调整财政、货币政策，加大了招商引资的力度。先后修改、制定了《税法典》《俄罗斯银行法》《外国投资法》《增值税法》等相关法律，合并税种，降低税负，利润税从 35%降到 30%，增值税率由 20%降到 15%；加强对货币供给的监控，降低利率，维持汇率稳定，整顿银行，发展金融证券市场，疏通融资渠道；简化海关手续，放宽外汇出入境数额限制；向外国投资者放开能源、黄金开发项目，建立外国资本投资保险公司，提高投资安全性；鼓励民间投资，就连军工企业，也向私人投资者开了绿灯。

俄罗斯经济的外贸依存度大，为走活外贸这着棋，普京改变过去向西方一边倒的做法，频频出访，广交朋友，中国、朝鲜、古巴、利比亚、越南，甚至连美国的死敌伊拉克，都留下新总统的足迹。俄罗斯加强了同欧盟、北约、亚洲国家的经贸关系，拓宽了燃料、原料、军火工业的国外市场。建立了联邦出口扶持机构，为企业出口提供担保，增强外贸企业的竞争力。同时，降低关税门槛，加快国内市场对外开放，力争早日成为世贸组织成员国。

缩小居民收入两极分化，是政府的又一重要举措。在经济改革中，20%的俄罗斯新贵收入提高了几十倍，而 80%的居民，收入水平降至原来的三分之一。普京执政以来，制定新的收入政策，对高收入者征收高档消费品税，提高最低工资水平，并使之指数化。政府在制定预算时，首先保证退休人员、失业者的补助金。社会保障体制改革，也已全面展开。此外，针对体制转轨过程中出现的不法经济活动，实行“法律专政”，对地下经济、金融寡头违法行为和官员腐败案件，猛出重拳，加大打击力度，2000年6月13日，俄“媒体大王”因涉嫌侵吞巨额国家资产被拘留，一批原国有企业的“蛀虫”，也锒铛入狱。

新世纪来临之际，历经磨难的俄罗斯，出现了复苏的曙光。2000年俄罗斯经济增长7.6%。主要经济部门产值同比增长8%。其中，工业增长9%，固定资产投资增加19.6%，外贸出口猛增43.5%，国际收支顺差达625亿美元，居民实际可支配收入增加9.6%，失业率从12.2%下降到10.3%。2001年全球经济衰退而俄罗斯经济却增势不减，头9个月经济增长5.4%，外国直接投资同比增长35.4%，其他主要经济指标，也都呈现强劲的上升势头。

（京）新登字 083 号

图书在版编目（CIP）数据
领读西方经济史 / 王京东等著．—2 版．
—北京：中国青年出版社，2013.9
ISBN 978-7-5153-1925-4

Ⅰ．①领… Ⅱ．①王… Ⅲ．①西方经济－经济史 Ⅳ．① F150.9
中国版本图书馆 CIP 数据核字（2013）第 222544 号

原版责任编辑：赵长敏
本版责任编辑：方小玉
装 帧 设 计：瞿中华

出版发行：中国青年出版社
社址：北京东四 12 条 21 号
邮政编码：100708
网址：www.cyp.com.cn
编辑部电话：（010）57350503
门市部电话：（010）57350370
印刷：三河市君旺印装厂
经销：新华书店

开本：700×1000　1/16
印张：17.5　　插页：2
字数：170 千字
印数：1-5000 册
版次：2013 年 10 月北京第 1 版
印次：2013 年 10 月河北第 1 次印刷
定价：45.00 元

## 横观经济万象　纵论国运民生

中央党校经济学教授王东京，历时六年，行程万里，采经济之热点，传改革之先声——一套“走”出来的著作。

### “王东京经济观察”系列丛书



## 一部逼视现实中国问题的真书

### 茅于轼 温铁军等作序推荐

《中国真问题》，关注转型中国发展进程中所遭遇的困顿、矛盾与问题，探寻改革开放三十年后中国社会的发展方位、模式与道路。



## 冰点时评——中国新闻名专栏 中青报版面之灵魂

### 鄢烈山 张鸣 熊培云推荐

《冰点时评》，反映当下中国政治文明的民主诉求、经济发展的民生诉求、国家自强的民族诉求，立足热点事件背后的“冷”思考。